U0857813

中国文化四季

马新 主编

止戈为武

中国传统兵学

郭海燕 著

山东大学出版社

山东省中华优秀传统文化传承发展工程重点项目
中华优秀传统文化传承书系

课题组负责人

马　新

课题组成员
（以姓氏笔画为序）

马丽娅	王文清	王玉喜	王红莲
王思萍	巩宝平	刘娅萍	齐廉允
李仲信	李沈阳	吴　欣	宋述林
陈树淑	陈新岗	张　森	金洪霞
赵建民	贾艳红	徐思民	郭　浩
郭海燕	董莉莉	韩仲秋	谭景玉

總序

中国传统文化是中国历史发展中物质文化与精神文化的结晶，也是人类文明史上唯一没有中断的独具特色的文化体系，是中国历史带给当今中国与世界的文化遗产。

早在遥远的旧石器时代，我们的先民为了生存，打制着各式各样的石器，也击打出最初的文化的火花。随着新石器时代的到来，以农业生产为前提的农业文明发生了，我们的先民筚路蓝缕，耕耘着文明的处女地，孕育着中国文化的萌芽，绚烂多姿的彩陶文化与精致绝伦的玉石文化是这一时代的文化地标，原始宗教与信仰、语言、审美及创世神话也纷纷出现。

进入文明的门槛后，先民们开始了艰辛的文化积淀。商周时代的礼乐文明与青铜文化代表了这一时代的杰出成就，甲骨文与金文则成为这一时代的文化符号。至春秋战国，中国文化史上的“寒武纪大爆发”开始了，无论是物质文化，还是精神文化，都进入一个创造和迸发的时代：这一时代，出现了“百家争鸣”，从孔子、老子、墨子到孙子、孟子、庄子等贤哲，无一不在纵横捭阖，挥斥方遒，发散出理性的光芒。这一时代，出现了《诗经》《楚辞》，还出现了《左传》与《国语》以及不可胜数的人文经典。这一时代，又是科学与技术的辉煌时代，铁器与牛耕技术的出现，奠定了此后 2000 多年中国农耕文明的基础；扁鹊的医术与《黄帝内经》的理论，成为中医药文化的基石；墨子、鲁班、甘德 、石申，启迪了我们的科学探索，民间无数的工匠们在纺织织造、建筑交通以及各种手工工艺上都进行了卓越的创造。春秋战国时代既是中国文化的启蒙时代，也是中国文化的奠基时代。

随着秦汉时代的到来，海内为一，中国文化进入凝炼时代，形成了大一统的文化特色。这一时代，不仅有了大规模的驰道、长城以及宫殿的兴建，还有了统一的度量衡与文字；这一时代，不仅牛耕技术继续向全国推进，还有了精耕细作技术，使其成为中国农耕文化的首要特征;这一时代，不仅有“独尊儒术”与经学的繁荣，也有汉大赋的飞扬与汉乐府的古朴；这一时代，商品贸易“周流天下”，工商政策与商业理论富有特色，全社会在衣、食、住、行方面的水平明显提高。生活的精致化与生活水平的不断提高，使得 20 世纪的权威史学家汤因比也动了想去中国汉代生活的念头。

魏晋南北朝与隋唐时代，是中国文化史上的交融与繁荣时代，周边游牧民族文化的涌入，西部世界的宗教文化及其他各种文化的东来，使这一时代形成了空前的中西文化碰撞与冲击。在此后到隋唐时代的融合发展中，实现了文化的大繁荣。道教虽产生于汉代，但其发展与传播则是在魏晋南北朝与隋唐时代；佛教也是在汉代传入，它的发展与繁荣同样是在魏晋南北朝与隋唐时代。这一时代，玄学与禅宗是思想史上的两大硕果，书法、绘画、雕塑以及音乐、舞蹈方面，更是群星闪耀，唐诗的地位在文学史上是无可替代的，唐三彩的艺术魅力同样穿越千古。这一时期的农耕文化、工商文化以及其他各文化形态也都取得了长足的发展，特别是中外文化交流之活跃、之丰富，使中国文化与外部世界的文化产生了有力互动，隋唐长安城是当时世界文明的中心所在。

宋元明清时代是中国文化的扩展时代。随着文明的进步与文化手段的变化，随着市民社会的兴起与社会结构的变化，面向民间、面向市民与普通民众的文化形态迅速扩展。宋明理学的主旨是给民众套上牢牢的精神枷锁，但是与汉代经学相比，它也是儒学民间化的一种体现。从宋词到元曲，从“三言二拍”到话本小说，再到戏剧的兴起和四大文学名著的问世，无不体现着这一特色。这一时代，既有明末清初试图开启民智的三大启蒙思想家，又有直接面向社会生产与社会生活的《天工开物》《本草纲目》以及《农政全书》。这一时代，中国文化在积淀着中国文明丰厚底蕴的同时，也在准备着自己的转身，准备着与新文化的拥抱。

从中国文化的发展可以看出，其历史之悠久、内容之丰富、价值之巨大，可谓蔚为大观，令人叹服。在新的历史时期，把握与了解这些渐行渐远的文化宝藏，并将其传承给青年一代，是摆在我们面前的世纪难题。

自 20 世纪 80 年代以来，学术界与文化界一直在孜孜不倦地去破解与完成这一难题，为此付出了艰辛的努力，推出了一批又一批面向青少年群体的“中国传统文化”类读物或教材，可谓琳琅满目，数目繁多。毋庸置疑，文化学者们的这些努力，对于研究与普及中国传统文化发挥了重要作用。但是，若作为当今面向青少年群体的普及性著作还有若干不适应之处。比如，有的著作篇幅过大，往往动辄四五十万字甚至上百万字；有的著作理论性偏强，在理论性与知识性的结合上还不够；还有的著作对有关知识点的叙述不够均衡，轻重不一。更为重要的是，随着社会主义核心价值体系建设的推进，尤其是习近平总书记所提出的对中国传统文化的“四个讲清楚”，对中国传统文化的研究和普及提出了更高的要求。为此，我们组织了 10 余所高校的相关研究人员，共同编写了这套适合当代青少年阅读的中国传统文化读物——《中国文化四季》，旨在为青少年提供一套富有时代特色的中国传统文化专题知识图书。

在编写过程中，我们深刻地感受到中国传统文化源远流长、博大精深，是中国文明 5000 年进程的辉煌结晶——既有筚路蓝缕的春耕，又有勤勤恳恳的夏耘;既有金色灿然的秋获，又有条理升华的冬藏。所以，我们以“中国文化四季”

作为总领，旨在体现5000年文明进展中最具代表性的精华篇章。在专题确定与内容安排上，也着重体现中国文化在春耕、夏耘、秋获、冬藏各个演进环节上的标志性成就。整套丛书由16册组成，包括：

《精耕细作：中国传统农耕文化》

《货殖列传：中国传统商贸文化》

《大匠良造：中国传统匠作文化》

《巧夺天工：中国传统工艺文化》

《衣冠楚楚：中国传统服饰文化》

《五味杂陈：中国传统饮食文化》

《雕梁画栋：中国传统建筑文化》

《周流天下：中国传统交通文化》

《人文荟萃：中国传统文学》

《神逸妙能：中国传统艺术》

《南腔北调：中国传统戏曲》

《兼容并包：中国传统信仰》

《天人之际：中国传统思想》

《格物致知：中国传统科技》

《传道授业：中国传统教育》

《止戈为武：中国传统兵学》

我们希望通过各专题的介绍，使读者既可以有选择地了解中国传统文化的有关知识，又可以全面地把握传统文化的基本构成。

为适应青少年的阅读需求，我们吸取了以往此类图书的优点，尽量避免其缺陷与不足。在全书的内容设计上，打破了传统的章节子目式的编排方式，每章之下设置专题，以分类叙述各门类知识；在写作时，尽量避免以往一些读物的“高深”与“生冷”现象，以叙述性文字为主，做到通俗、易懂、生动;另外，各册都精心配备了一些与各章内容相对应的中国传统文化图片等，做到了图文并茂。

需要说明的是，这套丛书作为“中华优秀传统文化传承书系”被纳入山东省“中华优秀传统文化传承发展工程”重点项目，得到中共山东省委宣传部和有关专家的大力支持与指导 。为不负重托，我和20余位中青年学者共同合作，以对中国传统文化的挚爱为基点，精心施工，孜孜不倦，以打造一套中国传统文化的精品作为出发点和最终目的。全书首先由我提出编写主旨、编写体例与专题划分；各专题作者拟出编写大纲后，我对各册大纲进行修订、调整，把握各专题相关内容的平衡与交叉，以更好地体现中国传统文化的四季风情；然后交给各专题作者分头撰写初稿；初稿提交后，由我统一审稿、统稿、定稿，并补充与调整书内插图。这套丛书若能蒙读者朋友错爱，起到应有的作用，功在各位作者；若有缺失与不足之处，我当然不辞其咎。

我们由衷地希望通过全体作者的努力，使本书不再只是枯燥乏味的知识叙述，而是青少年真正的学习伙伴，让中国优秀传统文化能够浸润到每一个青少年的心灵深处。

马　新

2017年3月于山大高阁书斋

目錄

概述

自私有制和阶级社会产生以来，战争就一直绵延不断。伴随着生产力的进步和人类社会的发展，战争的形式日益复杂多样，各种军事制度于国家产生后开始建立并渐趋完善，人们对战争问题的思考也日益深刻。

通过对文献材料的整理发现，中国传统兵学也经历了一个由萌芽到逐步成熟的过程。

从原始社会后期到西周时期，是中国传统兵学的萌芽阶段。原始社会后期，经过各部落之间的一系列争战之后，国家正式建立，并逐步建立起军队及各项军事制度，君主掌握着军队的最高领导权。至夏商周时期，出现了管理军事的最高行政机构——司马，族兵制是这一时期基本的兵役形态。商后期及西周时期主要表现为宗族贵族兵役制，军队的核心是王室与贵族子弟。此时军队还没有形成常规的军事训练制度，士卒的军事训练主要通过狩猎和学校教育进行。在作战方式上，夏、商以步战为主，西周盛行车战。在这一时期的兵学著作《军政》《军志》以及《易经》《尚书》等典籍中，产生了“允当则归”“见可而进，知难而退”“先人有夺人之心，后人有待其衰”等早期谋略思想。

春秋战国时期，是中国传统兵学的形成和第一次大发展时期。这一时期，诸侯国争霸称雄，兼并战争频繁，机动灵活的步兵渐渐取代笨重的车兵成为主要兵种，并出现了独立的骑兵、水师，逐渐形成诸兵种协同作战的局面。兵役制度方面，开始从宗族贵族兵役制向郡县征兵制过渡，大批庶民得以参军，扩大了兵源。军队专业化程度提高，出现了专业化的常备军。国君对军权的控制加强，形成了职官上的文武分职制。传统的“军礼”被否定，“诡诈”战法原则在战争领域得到普遍运用，城邑攻防战、伏击包围战、奇袭战、火攻、水淹、地道等战法陆续出现。这一时期还涌现出以孙武、司马穰苴、孙膑、吴起、尉缭等为代表的杰出的兵学家，产生了以《孙子兵法》《司马法》《孙膑兵法》等为代表的一大批兵学著作，提出了避实击虚、奇正相生、示形动敌、因敌制胜等作战指导思想。至此，中国古代兵学思想逐渐成熟。

秦汉时期，随着大一统王朝的建立，兵学方面也发生了重大变化。各种军事制度日益健全，制定了严格的军事训练、奖惩制度；兵役制度最初以征兵制为主，至东汉后期发展到以募兵制为主；建立起完备的武库、粮仓、马政等方面的后勤保障制度；为适应对匈奴作战的需要，骑兵得到大规模发展，至汉武帝时期成为第一主力兵种；统一战争、民族战争、内部叛乱、农民战争等战争类型的繁多，推动了作战方法的发展，各种野战战法以及各种特殊条件下的战法均在战场上得以运用。这一时期的兵学著作虽然不多，但在兵书整理方面却有着突出的功绩，西汉对兵书进行了三次整理，并将兵家划分为四大流派，兵家四分法"成为后世兵书撰著和兵学理论建树的规范程式和指导方针"[①]；在兵学思想方面，这一时期的兵书及论兵篇章的一个突出特点是多提倡义兵，注重将军事与政治相结合。

魏晋南北朝时期，朝代更迭，战火不止，军事制度呈现出多样化的特点。世兵制确立并盛行，发展成我国重要兵役制度类型之一；西魏、北周时在继承鲜卑族传统和接受汉族影响的基础上创立了府兵制。这一时期的兵书虽然不少，但大都缺乏理论建树，对后世影响较大者主要是曹操的《孙子注》以及署名为诸葛亮的《便宜十六策》《将苑》等。

隋唐至两宋时期，兵学受到统治者的重视，在许多方面都有所发展。通过考试选拔武官，确立了武举制度；设置武学，培养军事人才，推动了军事教育事业的发展；刊行《武经七书》，作为武学的教材，推动了兵学的研究；在兵器方面，火器开始运用于战场，战争进入冷兵器和火器并用时期；由于战争频仍，战争样式多种多样，野战、城邑攻防战、水战，步、骑、水军的协同以及各兵种的独立作战交错进行；出现了《唐李问对》《太白阴经》《虎钤经》《武经总要》等重要的兵书著作。

---

① 黄朴民：《先秦两汉兵学文化研究》，中国人民大学出版社 2010 年版，第 266 页。

明清代前期，兵学有了重大发展。在兵制上，明代推行卫所制度；清则实行八旗兵和绿营兵两种兵制并立的军事制度；随着火器在战场使用的日益频繁，明代出现了专掌火器的建制部队——神机营；在战法上多采取炮兵、步兵、骑兵协同作战的方法。军事法也日益健全，《大明律·兵律》《大清律·兵律》是军事刑法的基本规范。这一时期兵书数量多，且实用性较强，像戚继光的《纪效新书》《练兵实纪》、茅元仪的《武备志》等，主要论述的是治军、练兵、作战的问题。不少兵书还介绍了西方先进的军事技术。

清代晚期，中国军队与西方侵略者较量的失败，反映出中国传统军事的落伍。在此背景下，清政府及一些有识之士，开始在军事方面进行改革和创新。传统武举制度被废除，新式的武备学堂开始创办，近代新式军队开始创建，武器装备不断改进。中国传统兵学逐渐让位于近代军事学。

第一章 兵制

饥民为兵的养兵制度，从而给国家财政造成很大负担。宋代还设立武学，开设武举，以培养和选拔军官。

元朝在建立前主要实行“全民皆兵”的部落兵制；统一全国后推行军民分籍的军户制度。骑兵是元朝主要的战斗兵种。

到了明代，军制的突出变化主要表现在以下几个方面：一是创立了卫所制度，上至京师，下至地方，各要地皆设立卫、所，以保卫边疆，拱卫朝廷；二是沿袭元代军户制度，严格军民分籍；三是依靠屯田解决军队粮饷的供给；四是出现了专掌火器的建制部队——神机营。

清代前期建立了八旗兵和绿（lù）营兵两种兵制并立的军事制度。八旗兵是清代满族的军队组织，其以旗为号，分正黄、正白、正红、正蓝、镶黄、镶白、镶红、镶蓝八旗。各旗当中又细分为八旗满州、八旗蒙古、八旗汉军。绿营兵以绿旗为标志，是清王朝在统一全国过程中将收编的明军及其他汉人军队，以营为单位进引组建而成，人数较之八旗多三四倍。（两种兵制的职能详见后）鸦片战争以后，主要推行勇营制和新军制。这些新制度的实行，标志着我国古代军制已经开始向近代军制过渡。

一、军事领导体制

军事领导体制是兵制的重要内容之一，从某种程度上讲，其完善与否，反映着国家政权的巩固和强大程度。具体而言，军事领导体制包括最高军事统帅、各级军事领导指挥机构、职官的设置及职权划分等。

夏商西周时期，王是“天下共主”，也是军队的最高统帅。其领导权力通过王之下的军事领导集团来实现，如夏王之下有“六卿”，商王之下设有师长及各级执事官，周天子之下有“三公”“三司”等。为了完善军队领导体制，西周开始实行司马制，在中央设立大司马，协助周天子管理军队事务，以下逐

级设立军司马、都司马、家司马。各方国、诸侯国的军队由各自的首领（方伯或诸侯国君）直接领导，但也要听从王的调遣，担任征戍任务。

春秋时期，由于王权衰落，王朝调遣诸侯国武装的权力逐渐丧失，以王或天子为最高军队统帅的军事领导体制宣告瓦解，军权下移于诸侯。至春秋中期，一般诸侯国的军事领导权开始旁落卿大夫之手。战国时期，周天子作为“天下共主”的头衔已名存实亡，各诸侯国国君掌握全国军政大权，在中央设置专职军将指挥管理军队，实行文、武分职，将为武官之长，将以下的武官设置日益完备。各级军官都由国君任免，凭国君发给虎符（见图 1–1）行使职权。同时，各诸侯国在郡、县、乡、里也建立了由国君统一控制的掌管军事的各级职官。

图 1–1　战国秦虎符（陕西博物馆藏）

秦汉时期，随着专制主义中央集权封建王朝的建立与发展，军事领导体制也得到充实和加强。秦以后的各朝各代在军事领导体制方面的做法虽然不尽一致，但皇帝始终掌控着军队的调拨使用、高级武官的任命等大权。太尉是全国最高军事行政长官，下有光禄勋、卫尉、中郎将、校尉等负责日常军务。遇战事，皇帝直接派将军或太尉持符节领兵出征；战争结束，兵权即刻交还。汉武帝时期，一度罢太尉官，由大将军、骠骑将军等加“大司马”衔处理政务。大司马位列大司徒（原称“丞相”）、大司空（原称“御史大夫”）之上。东汉时期，大司马复称“太尉”，太尉在名义上为军事和行政首领，实际上主持全国行政和军事要务的是皇帝的秘书机构“尚书台”。在地方军事领导机构上，各郡、县设置都尉、县尉等军事长官，协助郡守、县令管理军务。在王国设置相为行政长官，中尉为军事长官。

魏晋南北朝时期，军事领导机构的设置更加规范化。曹丕代汉称帝后，委

春秋战国时期，军队的构成大体沿袭西周旧制，不过原来由周天子直接掌握的王室军队已严重削弱，而活跃于战争舞台的主要是诸侯国军队。商周以来的贵族私属武装——族军，春秋时期尚存，至战国时期已不复存在。

秦汉时期，武装力量体制在实行郡县征兵制的基础上由服役的常备军与未服现役的后备军组成。凡已经达到役龄的百姓，均需服现役两年，成为常备军，服役期满后返回原居住地，从事生产。战时应征的，成为后备兵员。按作战任务、服务地区不同，常备军可分为中央军、地方军、边防军三部分。秦汉之世，中央军主要由宿卫亲军和京师部队两部分组成。宿卫亲军分为郎卫和卫士两个系统，负责宫廷内外警卫。汉武帝时，还在郎卫中增设期门、羽林、羽林孤儿诸军。京师部队主要指南北军，负责守卫京师。此外，城门兵、京畿军及东汉末年宦官建制的西园军，也属于京师部队。地方部队以郡国兵为主，还包括从属于郡国兵的县兵和东汉形成的州刺史所统的州兵。边防军包括边郡材官、骑士和边郡屯兵、边塞戍卒三部分，这三部分互不统属，共同戍边卫国。

魏晋南北朝时期，社会动荡，各政权军制混杂。大致而言，各政权军队大致分为中央军和地方军两大组成部分。中央军有中军和外军之分。三国时期，中军驻屯于京城及周围地区，负责保卫京师或受命出征；外军驻屯于京城之外，由都督统率。西晋时，随着都督身份由中央官向地方官的转化，外军也转化成地方军。南朝中央军虽然仍有中、外军之分，但与魏晋中外军内涵不同，只是宿卫亲军内部的一种区分：中军为屯驻于台城之内的军队，保卫皇帝和宫廷；外军为屯驻于台城之外的军队，负责保卫京城和近畿。地方上主要是州郡兵。

隋唐时期的武装力量，主要由以府兵为骨干的中央禁军、边军和地方军组成。隋炀帝时还募民为骁果，承担宿卫和出征双重任务，亦属中央军范畴。唐代的中央禁军有南衙禁军和北衙禁军之分：屯驻长安北面宫城的称“北衙禁军”，屯驻长安南面宫城的称“南衙禁军”。唐朝后期的禁军主要包括两部分：一是“北衙六军”，由北衙禁军中的左、右羽林，左、右龙武四军，以及与至德二年（757

年）新成立的左、右神武军组成；二是神策军，由边防军发展而来。隋及唐前期的地方军详情难知，唐后期地方军主要是藩镇兵，藩镇兵又分为牙军（保卫节度使治所牙城）、牙外兵（屯驻在牙城之外的子城的军队）、外镇兵（设置于藩镇治所州城之外的军队）、州兵（州刺史直接领导的地方军队）。另外还有由州刺史掌管、不长期脱离生产的军队——“团结兵”，他们平时生产，遇有战事应征，主要在本地服役。

五代十国时期，各割据政权的中央军主要是中央禁军，承担宿卫和征战任务。地方军为藩镇兵和乡兵：藩镇兵由藩帅统领，多割据自据；乡兵，又称“团军”“乡社兵”“义兵”，主要是戍守地方。

北宋的武装力量主要有禁兵、厢兵、乡兵、蕃兵。禁兵是武装力量的主体，包括两大类：一类是皇帝宿卫军，其职责是宿卫皇宫，守备京城；另一类是征战戍守部队，其职责是戍守边境、对外和对内作战。厢兵，又称“厢军”，为地方诸州之兵，主要从事劳作，特殊情况下也可用于作战。乡兵，是北宋不脱离生产的地区性武装组织，平时生产，战时守卫乡土。蕃兵，是北宋中期以后在北部、西北边境设置的由少数民族内附者组成的武装组织。南宋武装力量的主体是屯驻大兵和三衙诸军。屯驻大兵，初为御营军、东京留守司军、陕西军三支大军，后名号多有更改，如称“行营护军”“御前诸军”等，由抗金将领统率，屯驻于抗金前线。（见图 1–2）三

图 1–2　岳飞设计败金兵

衙诸军，主要执行宿卫任务。

元朝时期，中央军由怯薛和侍卫亲军组成。怯薛主要负责皇帝的安全以及宫城、皇帝大帐的防卫。侍卫亲军负责京城及附近地区的安全。地方军由驻牧在草原上的蒙古军和分散镇守于全国各地的探马赤军、汉军和新附军组成。

明朝的中央军为京营军，又称“京军”，包括设置京师和分布于京畿地区的卫所军，以及每年轮番来北京操练的班军。地方军主要有京外的卫所军、边兵和民兵。卫所军配置于各军事重镇，边兵是防御北方蒙古骑兵的戍守部队，而民兵是军籍之外，由官府佥点，用以维持地方治安的武装。

清朝前期，中央军为八旗兵。八旗分为京营和驻防两部分。京营八旗亦称“禁旅八旗”，是皇帝的宿卫亲军，分为郎卫和兵卫。郎卫负责侍卫皇帝和宫廷；兵卫守卫京师和近畿。驻防八旗分驻于全国各战略要地，震慑地方。晚清时期，八旗军为新式陆军所代替。清代的地方军主要是绿营军，是由明朝降军和新募汉军改编而成，主要任务是镇戍。在镇压太平天国起义的过程中，又出现了招募乡兵湘军、淮军等汉族地主武装。

三、兵役制度

兵役制度是军事制度的一个重要方面，是“国家关于公民参加军队和其他武装组织、承担军事任务或在军队外接受军事训练的一项重要的军事制度。它随着国家的出现而产生，又随着国家的经济情况、政治制度和军事需要而变化”[①]。

我国在商西周时期已经有征兵制，族兵制是基本的兵役形态。商前期主要表现为氏族部落兵役制，每个部落成员在战争期间都有当兵作战的义务；后期

① 杨设平、吴辅佐编著：《筑起21世纪新的长城——国防教育读物》，解放军出版社2002年版，第282页。

主要表现为宗族贵族兵役制，军队的核心是王家与贵族子弟。西周时已建有庞大的常备军，虎贲等精锐从“王族”或“公族”中征集，车兵从“国人”中征集。服兵役的年限是从 20 ～ 60 岁。

春秋时期，随着战争日益频繁，战争规模日益扩大，对兵源的需求也愈来愈大。按社会等级服兵役的传统制度逐渐遭到破坏，兵役制度发生重大变化，“野人”（庶民）也有了当兵的权利和义务。不过他们只能充当徒卒，战车上的甲士仍由大小贵族和平民上层充任。战国时期，各国普遍推行郡县制，于是郡县征兵制成为基本的兵役制度，兵源扩大到全体民众。服兵役的年龄大约从 15 ～ 60 岁。大体上，男子达到“傅籍”（成年男子向政府登记户籍）的年龄，国家可以随时征调入伍。

秦汉时期继续采用郡县征兵制。适龄男子（按规定享有免役待遇者除外）均须服从征召，服兵役两年：一年在地方任正卒；一年在京师充任卫士或在边郡为戍卒。关于服役年限，汉昭帝以后，确定从 23 岁起正式服役，直到 56 岁解除兵役。征兵制从西汉中期以降，开始走向衰落。由于汉武帝时连年对匈奴用兵，仅靠征兵制已不能满足大规模战争的需要，于是在实行征兵制外，兼行募兵制，招募善骑射的壮丁从军。东汉时期，继续沿袭募兵制。无论是中央军，还是地方临时组建的军队或长期屯兵，大多采用募兵的形式召募士卒，募兵制成为主要征兵方式。

东汉后期，战乱频繁，人口锐减，征兵制和募兵制很难再推行下去，于是三国时期出现了世兵制。所谓世兵制，就是将士兵全家从普通百姓中抽离出来，使其脱离民籍，集中居住，另立专项户籍予以管理，称为“士籍”。除了士兵本人终身为兵外，其家属亦需世代为兵，士兵本人死亡的，其寡妻遗女也要配以其他士家。世兵制创立于三国，盛行于西晋，东晋南朝逐渐衰落。魏晋南北朝时期，除了世兵制之外，还存在征兵制、募兵制、府兵制等多种形式。府兵制为西魏宇文泰创建，设六柱国统兵，下设十二将军、二十四开府。编入府兵者，

另立军籍，不承担国家赋税，专事征战。

隋唐时期，仍以府兵制为主要兵役制度。隋时府兵开始编入民籍。在唐代，全国都有负责府兵选拔训练的折冲府。唐代中期，随着均田制的破坏，府兵因负担过重而大量逃亡，府兵制因此受到严重破坏而无法推行，募兵制遂再次盛行。自玄宗开元年间，京师宿卫、边镇戍兵和地方武力基本上都由朝廷招募的士兵充任。

宋代以募兵制为主，无论是中央军还是地方军，大都来源于招募。招募对象多为灾荒饥民、军士子弟或以罪犯充军，兵源缺乏时也抓民为军。宋朝的募兵为职业军人，一经应募，终身为兵，由国家发给粮饷。辽、西夏、金均实行全民皆兵的部落兵制，平时不脱离生产，战时应征入伍。

元朝的兵役制度较为复杂。蒙古各部仍实行成年男子皆兵的制度，其他民族则实行军户制度，由国家强行指定一部分百姓承担服兵役义务，另立户籍，一旦被签发为军户，就要世代服役。军户制实质上就是一种世兵制。

明代前期，为保证卫所军源的充足，继承了元朝的军户制度，规定卫所军士和武官全部世袭。军户由都督府管辖，享受免除一丁差徭的优待。自明中叶起，逃亡士兵日渐增多，世兵制逐渐走向崩溃的边缘。于是，募兵制再次兴起。招募来的士兵既不再入军籍，也不再世袭，人身依附关系较卫所兵减弱，待遇也相对优厚。

清代兵役制度杂有世兵制和募兵制。满族实行全民皆兵、耕战结合的八旗制度。各省绿营实行就地招募当地壮丁为兵的制度，但是后来由于兵皆土著，父兄在绿营当兵，子弟就作为余丁备补。兵有缺额，按级升补。募兵制逐渐转化成了世兵制。

四、军队编制

军队是由士兵组成的战斗集体，只有组编为一个单位，才容易指挥调动，

并可以计算兵力。军队的编制就是军队组编士兵的方式。[①] 受社会政治制度、经济水平、武器装备、作战方式、作战理论等的影响，中国古代军队的编制也经历了一个由简单到复杂的发展历程。

夏朝时，军队最高编制单位可能是“旅”。《左传·哀公元年》称，少康时期，“有田一成，有众一旅”。商与西周时期，军队最高编制单位是“师”。“师”以下的编制，由于文献难征，不得其详。另外，西周盛行车战，车兵为军队的主体，反映在军队编制上，就是实行战车上的甲士与徒兵混合编组，构成当时军队的基本编制单位“乘”。西周时期，每辆战车配有甲士 10 人，步兵 20 人。至于“乘”以上的车兵如何编制，史无明文。

春秋战国时期，“军”是军队最高编制单位。“军”以下的编制，各诸侯国不尽一致，但以卒伍制为基本军事编制单位是各国军队的共同点。如晋国军队的编制序列为军、师、旅、卒、两、伍；齐国在管仲改制时，军队的编制序列是军、旅、卒、小戎、伍。这一时期军队编制的一个显著特点是，军队基层单位的编制往往与地方居民的组织形式相一致，带有“寓兵于农”“兵农合一”的性质。关于车兵的编制，春秋前期大体实行西周时期的一车 30 人制；到了春秋后期，实行每乘 75 人的新编制，甲士 3 人，步兵 72 人。

秦汉时期，“军”是作战部队的最高编制单位，但不常设，通常在战时临时设立。“军”以下的编制序列及其人数大体是：部 1000 人、曲 200 人、官（屯）100 人、队 50 人、什 10 人、伍 5 人。据青海大通上孙家寨汉简所记，自部至伍及于士兵，皆以旗帜、徽章为标志。

三国时期军队编制基本沿袭汉代。但由于战争以及将领与部属关系变更的频繁，这一时期的军队编制缺乏固定的规范。两晋时期，军队编制以军、营为序列，其人数依照军队的性质和任务有所不同。南北朝时期，南朝的军队编制

① 参见郭建：《金戈铁马——兵制与军事》，长春出版社 2008 年版，第 90 页。

大致以军为最高建制单位，置军主；其下有幢，置幢主，一幢兵员无定数；队为基层单位，一队约200人。北朝的军队编制，北魏、东魏、北齐与南朝相近似，其军队也是以军、幢、队为序列，而西魏、北周，军队的主力为府兵，最高建制单位是军，每军2000人，基层建制单位有团、旅、队等。

隋唐时期继承了府兵制度，尤其是唐代，各地遍设折冲府，为组织、训练的编制单位。府分上、中、下三等，上府1200人，中府1000人，下府800人。府以下的编制单位及其人数依次是：团200人、旅100人、队50人、火10人。五代军队的编制不断发展变化，到后周时形成厢、军、指挥（营）、都、队的编制系统。其人数依次为：厢25000人、军2500人、指挥（营）500人、都100人、队50人。

北宋的禁兵编制基本承袭了五代模式，即厢、军、指挥（营）、都等，其人数亦无大的变化。厢兵按指挥（营）、都两级编制。乡兵、蕃兵的编制情况较为复杂，互不统一。南宋禁军已基本瓦解，作为主力的屯驻大兵编制也不断发生变化，其编制序列大致为军、将、部、队。

辽、西夏和金代的军队编制，或采用五代以来军、指挥（营）、都之制，或根据本部族特点进行组织，最著名的是金代的猛安谋克制。“猛安”原义是“千夫长”，“谋克”原义为“百夫长”，在谋克之下有什长、伍长。猛安、谋克作为军事编制单位，其人数不定，往往根据作战需要灵活编组。

元代军队的编制，以万户府、千户所、百户所、牌子（队）等为序列。万户府为最高建制单位，分为上、中、下万户府三个等级。其统兵数依次为：上万户府7000人、中万户府5000人、下万户府3000人。千户所、百户所亦各分三等。其统兵数依次为：上千户所700人、中千户所500人、下千户所300人；上百户所70人、中百户所50人、下百户所30人。牌子（队）由10户组成，统兵10人。

明代军队的编制，中央军与地方军区别显著。中央军（京营军）先为三大营（五军营、三千营、神机营），后为十团营及十二团营。三大营因性质、任务的不同，

人数也不一致。十团营每团营 15000 人；十二团营每团营 10000 人。地方军，即镇戍地方的卫所军，其编制序列是卫、千户所、百户所、总旗、小旗等。其统兵人数依次为：卫 5600 人、千户所 1120 人、百户所 112 人、总旗 50 人、小旗 10 人。

清代八旗兵和绿营兵编制各有特点。八旗兵编制序列及其人数依次为：固山 7500 人、甲喇 1500 人、牛录 300 人。绿营兵以“镇”为基本单位，按照镇、协、标、营、汛编制，各级单位所辖兵员数额并不固定。遇有战事，从各省、镇、营、汛抽调官兵，来重新组编成战斗部队。①

五、武器装备制度

武器装备制度，主要包括武器装备的生产、管理、编配、储备制度等。武器装备是决定战争胜负的重要因素，是军事力量的物质基础。历代统治者都高度重视武器装备的制造与管理。随着生产力的提高和战争的发展，武器装备的制造技术不断改进，生产规模不断扩大，管理体制也日趋完备。

夏商周时期，王室和各级政权机构、贵族都邑已经有大规模的手工业作坊和各类工匠，所制造的武器统一管理，临战颁发。西周时期还设置了掌管武器的职官，如司弓矢、司甲等。

春秋时期，武器统一由王、侯、卿大夫的都城、都邑设置的手工业作坊生产，管理者为司空。国家建置兵库，平时收藏武器，战时受命颁发。战国时期，各诸侯国取消了贵族都邑自铸兵器、拥有武备的旧制，兵器统一由国家行政系统各级单位负责制造与管理，设监造、主造、造三级体制。最高一级的为监造者，如国家的相、邦司寇和地方的郡守、县令。次一级的是主造，如国都或地方的工师、

① 参见兰书臣：《中华文化通志・制度文化典・兵制志》第一章第三节，上海人民出版社 1998 年版。

冶尹等。造是直接铸造兵器者，又称作“工”或“冶”。兵器上都铸有工匠和监造官的姓名，以考核兵器的质量，以后各朝代多沿袭此制。

秦汉三国时期，中央和地方均设置专门的官营作坊，从事武器装备的制造。秦代在管理宫廷事务的少府之下设尚方令，郡县置工师。西汉少府之下设考工令，掌管兵器制造，东汉时将考工令划归太仆管理。西汉前期内地各郡国置有铜官、铁官、工官，自行铸造武器装备，藏入本地武库，供应郡国军队或供中央调用。国家专门设置武库保管武器装备，并有严格的管理制度。郡国武库没有皇帝的诏令，诸侯王和郡守不能擅自领用。汉武帝元狩四年（前 119 年）实行盐铁官营，在全国设铁官 49 处，冶铸兵器及农具，诸侯王不得私作兵器。

隋代最初以太府卿掌管武器装备的制造，隋炀帝时从太府卿中析置少府监，内设铠甲署、弓弩署，专门生产弓弩铠甲。唐代继承北周之制，于唐高祖武德元年（618 年）设置军器监，负责兵器制造。但是，由于军器监累废累置，一度以少府监代之。唐代时各州府也设有官办手工业作坊，制造兵器。有些大型器械不便长途运输，国家就会随时征发工匠随军出发，在前线就地制造。

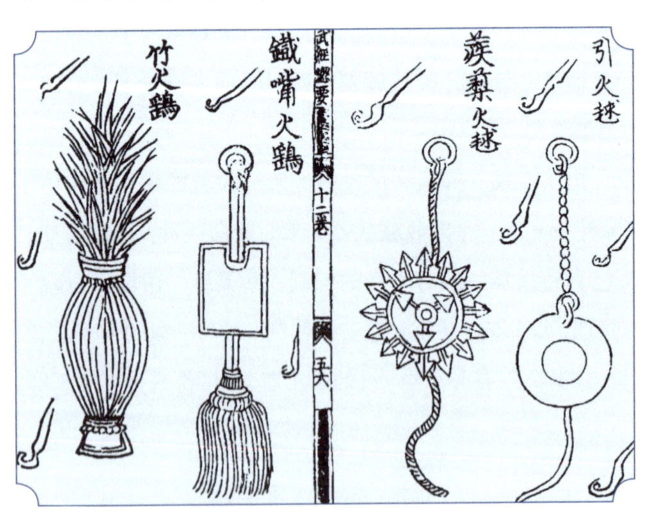

图 1–3　元代火器（宋·曾公亮《武经总要》插图）

宋代开始进入冷兵器和火器并用时期，国家设置专门的作坊从事火药、火器的生产。（见图 1–3）北宋设于开封府的“广备攻城”作十作之一的火药作，专门负责火药的生产。

南宋全国主要军事重镇都设置火器制造工场。北宋兵器制造，最初由朝廷主管财政的三司使中的盐铁使典领胄案，主持兵器制造；后撤销胄案，设置军器监、军器所，总内外军器之政。南宋时，军器监划归工部，广备攻城作、都作院等并入御前军器所。

辽、夏、金、元等少数民族政权也十分重视武器装备的制造。辽代设军器坊和甲坊。西夏设置铁工院，专门管理武器装备的制造。金代最初在一些州府设置军器库和作院负责兵器制造。如金章宗承安二年（1197 年）设置军器监，下辖甲坊、利器二署；泰和四年（1204 年）罢军器监，置军器署，隶属兵部；至宁元年（1213 年）又置军器监，下设军器库、利器署。元代设立了武备寺，专门管理武器的生产、存放、发放。武备寺下辖仓库、甲局、箭局、弓局、军器局数十单位，分布全国各处。地方官府和民间工匠不能随便制造武器。

明代中央在两京（北京、南京）设立了军器局和兵仗局，负责冷兵器和火器的制造。军器局隶属于工部，兵仗局隶属于内府衙门。地方各个都司卫所也设有军器局，各行政系统则设厂，主要负责常规冷兵器的制造。无论是两京还是地方所产的武器装备，总由内府衙门的库房掌管。军器的发放有严格的审批制度。首先各卫所根据武器配备规定，提出关领军器的申请报告，兵部查核后签署应关领的军器数目，然后移文工部。工部复核后，确定发放军器数目，再交由内府衙门的兵仗局查实发放。

清代前期的武器制造分中央和地方两级。八旗军器主要由兵部定式，交工部制造；绿营军器经兵部和工部核准后，就地制造。各营军器由专人负责，定期维修和管理。鸦片战争失败后，清政府开始购买并仿制西方的先进武器。从 1861 ～ 1894 年，通过户部拨款和各省督抚筹款，清政府在各地建立民用企业 21 个，这些企业由中央和地方共同组织和领导。

六、武官选拔

武官是各类各级武职官员的统称。军队是国家政权的主要支柱，武官就是这根支柱的基干。为了巩固政权，加强军队建设，中国历代统治者都十分重视对武官，尤其是高级武官的选拔和任用。（见图 1–4）

图 1–4 清代武官像（法国国家图书馆藏）

中国古代，武官的选拔主要有世袭、军功、荐举、差遣、武举与院校培训等方式。

世袭大体有以下几种情况：一是建立在奴隶社会宗法制和封建君主制度基础上的世袭。夏商西周和春秋时期，选官制度实行以宗法制为基础的世卿世禄制。春秋末期以后，虽然世卿世禄制逐渐被打破，但是秦始皇一统天下，建立起中央集权的封建专制制度后，历朝历代的皇帝无不将最高军事统帅权掌握在自己手中，并让皇亲国戚分掌军事大权，让其子孙继承统兵地位。二是世兵制基础上的世袭。三国时期，吴国实行世兵制度，军户世代为兵，与此相适应，一些将领的子弟也得以继承其父辈的职务，统领其父辈的部队。三是部族兵制基础上的世袭。辽、西夏、金、元以及清代前期，这些由少数民族建立的政权，其军队都是部族性质的，军、政官职无不由贵族子弟世袭。此外，有时统治者为了奖励某些军功卓著的将领，也会让其子孙世袭某种职务。比如明代时期，戚继光的六世祖戚祥跟随朱元璋征战多年，后战死沙场，明政府追念他的功劳，让其子孙世袭登州卫指挥佥事军职。

军功，即以军功大小选拔武官，确定职级。军功作为选拔武官的依据，起源于春秋战国时期的军功爵制。春秋时期，一些诸侯国君为求富国强兵之路，开始任用一些非公族出身但有军功者为官。战国时期，各国相继实行变法，废除世卿世禄制度，普遍实行军功爵制，其中推行最为彻底的当属秦国。秦国在商鞅变法时，定军功爵二十级。秦汉继承和发展了这一制度，虽然规定的等级前后有所区别，但实质都是以军功作为授爵的标准。后世虽未出现新的军功爵制度，却有类似军功授爵任官制度的军事赏罚制度，如宋代就强调以“战功多少，得功先后”[①]为依据确定武官的迁转。

荐举也是武官选拔的重要方式之一，包括别荐和自荐等多种形式。别荐，指由别人推荐，使有才能者获得晋身之机，具体包括察举、乡举、辟除等形式。察举是汉代的一种选官制度，其名目有孝廉、茂才、贤良、方正、文学、明经、兵法等，尤其是在盗贼频起的西汉后期、东汉后期，急需较多军事征战人才，因此多察举勇猛知兵法者率军作战。乡举是由乡里举荐贤能之人，上报中央加以任用，魏晋时期的九品中正制、明清时期的乡荐制度都属于这一种形式。辟除是汉代高级官员自选府属的制度。在汉代，凡将军开府，其属官长史、司马、主簿及诸曹掾，均由将军自己选拔。自荐是荐举的另一种形式，是通过自我推荐，使自己的才能为人所知，实现自己的抱负。例如，战国时期庞涓闻魏惠王招纳贤才，于是前往魏国，与惠王谈论治国安邦、统兵打仗之事，被惠王任命为将。

差遣，即派遣。中国古代军队中常有一部分差遣而来的官员，如秦汉以后的监军御史和东汉末年的领兵刺史等。这类官员以文官为主，一般拥有很大的权力。

武举是古代通过考试选拔武官的制度。武举创始于唐代武则天执政时期，

---

① 《宋史·兵志十》，中华书局 1977 年版。

由兵部主管，主要考弓马技艺。宋代沿置，在考试内容中增加了军事策略。明成化十四年（1478 年），始定以武举设科，确定武乡试、武会试、武殿试制度。清光绪二十七年（1901 年）废除此制。

院校培训，指通过军事学校培养和选拔武官。北宋庆历三年（1043 年）专门开设武学，培养军事人才，以后历代沿置。[①]

关于武举与武学，后文将辟专节详细论述。

七、教育训练

教育训练，指军事理论教育和作战技能训练等方面的活动，是军队建设的一项重要内容。军队教育训练的效果，直接影响着部队官兵的精神状态和作战水平，关系着战争的成败。因此，我国古代统治者十分重视对军队进行教育训练。

夏商西周时期对军队的教育训练，主要通过学校、田猎教育等形式来进行。据史籍记载，夏代已有学校设立。《孟子·滕文公上》说："夏曰校，殷曰序，周曰庠。"西周时还出现了面向国人子弟的乡学和面向贵族子弟的国学。各级学校除了教授文化课以外，还对贵族子弟进行射、御方面的军事训练。田猎又称"狩猎""围猎"，主要是对一般兵员进行的整体作战演练。西周时期，田猎制度已经较为健全。据《周礼》记载，西周每年四季各举行一次借田猎演习战阵的"大蒐礼"："中（仲）春教振旅"，叫作"蒐"；"中（仲）夏教茇舍"，叫作"苗"；"中（仲）秋教治兵"，叫作"狝"；"中（仲）冬教大阅"，叫作"狩"。此外，西周还推行"射礼"制度，其中乡射每年春、秋各举行一次，

① 参见季德源主编：《中华军事职官大典》附录一《历代军事职官制度综述》，解放军出版社 1999 年版，第 512 页。

三年进行一次“大比”，借以进行射技练习和选士。

春秋时期周天子和各诸侯国在承袭原有的田猎军事演习和学校教育的同时，也逐渐对军队增加了一些专门的训练，其中以阵形演练为主。至战国时期，军队开始按照军事编制进行正规化军事训练，训练内容主要为基本步伐、队列、号令以及步骑兵协同作战的战阵演练等。各诸侯国还专门选拔出精兵进行单兵教练。

秦汉时期，军队训练日益规范化。军队训练一般和服兵役相结合，适龄男子初服兵役，要先在地方接受一年的军事训练，训练内容主要是体力、发射弓弩技能、行列战阵，不同兵种训练侧重点有所不同。经过训练后，要到京师或边境屯守戍卫一年，屯卫京师的军队还要根据职责的不同进行进一步的训练。此外，军中和民间还经常通过蹴鞠、角抵等各种军事体育活动提高士兵的素质。为提高军队的训练水平，西汉还制定了每年一度的检阅考核制度。每年秋季，在京师举行隆重的祭祀仪式，皇帝亲自执弓射禽，以示讲武，禁卫官兵一起演练阵法。在郡国实行都试制度，太守、都尉及县令、县尉按照不同兵种的特点，组织部队进行各种军事技能比赛和考核，评定优劣，还以狩猎形式进行军事演习。在边境，由太守率领万骑巡察防务情况，并实行边塞秋射制度，对候长、士吏进行射箭考核。到了东汉时期，废除了郡国都试制度。

魏晋南北朝时期，汉族政权大致沿袭前朝的军队教育训练制度及内容。十六国时期，北方少数民族政权军队的训练主要寓于田猎和作战之中。西魏北周时期府兵制形成后，军队训练日益制度化，训练中最重要的是行列战阵的演练。前秦、北魏等政权还在太学中设置了军事教育的内容。

隋及唐代前期，府兵是最重要的武装力量。隋代对府兵的训练主要在农闲和上番期间进行。每年农历十一月农闲时集中教练行军作战的技能；上番期间，十五天执勤，十五天教练习战。唐代更加重视对军队的训练，府兵平时在折冲府，在从事农业生产之余，也要练习武艺，训练内容一是练习射箭，二是唱大角歌，

熟悉骑术和列阵要领。赴长安宿卫时，还要专门抽时间训练。此外，还在冬季农闲时集中训练，并且不断举行大规模讲武和狩猎活动。安史之乱后，中央、各藩镇对军队的训练缺乏统一规定，大部分地区军队训练松弛。

宋代实行募兵制，作为招募的职业军队，军事训练是普通士兵每日必不可少的项目。北宋禁军、南宋的屯驻大军和新军等，按规定必须在平时经常练习武技。训练内容包括技能训练和战阵训练两种。技能训练以弓弩射击为主。宋代为训练士兵还制定了各种武技考核的标准，但是由于军政腐败，政府制定的规章制度无法得到保障，军事训练多流于形式。除此以外，北宋时期还首创专门的军事学校——武学，培养军事人才，这一制度一直沿袭至清代末年。元代主要通过围猎和正规的军事训练两种方式训练军队，但因后来大多数军官不懂军事，他们不可能认真去教习士兵，因此军队缺乏应有的教育训练，作战能力下降。

明代十分重视对军士的训练。明太祖朱元璋在立国之初就多次委派功臣宿将到各地卫所训练军队，并且在洪武六年（1373 年）制定《教练军士律》，对骑卒、步兵有关驰射和弓弩枪技训练要求作了详细规定。为严加考核，还颁布了以军士验试成绩的优劣来确定将官赏罚的条例，卫所军的训练逐渐制度化。明代前期还形成了北方都司军队分春、秋两班轮番进京操练的京操制度。明代后期，军事训练以戚继光的《练兵实纪》作为规范，注重整军选伍，全面提高将士素质。

清代前期，军队分别按八旗、绿营两大组织系统进行军事训练。八旗兵日常训练，主要是练习骑射、步射和枪、炮射击及步围、阵法，并有分操、合操、大会操、大阅制度。（见图 1–5）为了督促八旗官兵认真训练，清政府还制定了相应的考核制度，规定每年对八旗兵前锋、护军等马步军进行严格较射，三年一考验。此外，清政府还通过皇帝大阅制度和围猎制度训练八旗军队。绿营兵平时主要以营为单位进行各种军事技术训练和队列操练，或单兵教练，或分队训练，以分操为主，每月定期合操，每年进行一次大会操，训练偏重于阵式演练。

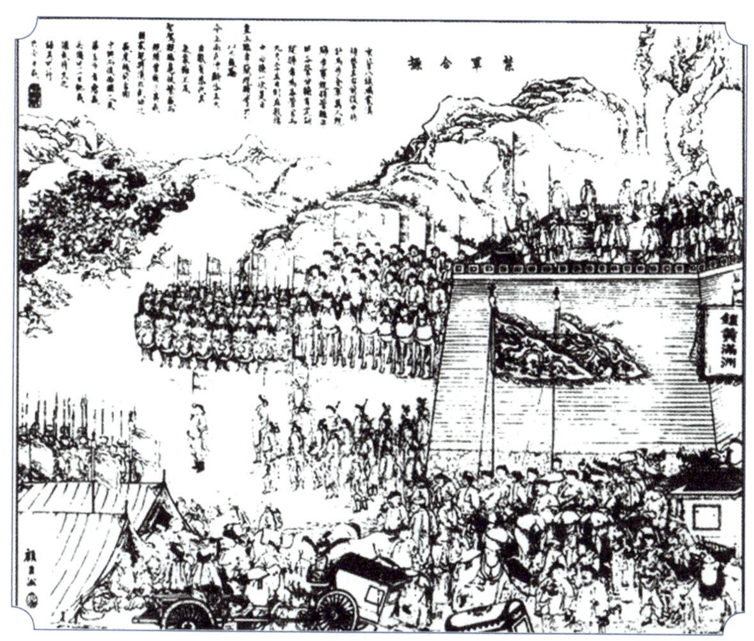

图 1–5　清·禁军合操图（卢群《北京旧闻》）

八、后勤保障

军队后勤保障制度，是指国家或后勤部门为了满足军队建设和作战需要而实行的军资、粮草的供给与管理、军屯、马政、军事医疗等制度。“后勤”一词虽然最早由近代西方军事学家提出，在中国古代文献中很少出现这一词语，但文献中记载的“武备”“积贮”“委积”“转输”等，都属于军队后勤的范畴。《孙子兵法·军争》说：“军无辎重则亡，无粮食则亡，无委积则亡。”亦即军队后勤保障的好坏，直接影响着军队战斗力的发挥，关系着战争的进程和结局。因此，历代杰出的政治家和军事家无不将后勤保障置于战略性地位。

先秦时期，军事后勤主要包括两个方面：一是武器装备的储藏管理。在战

国以前，武器装备均由国家统一制造管理，平时收藏，战时颁发，事后收归国库。战国时期开始有了定期发给军队兵器、车辆、甲胄的制度，供将士较长时间掌握、使用。二是粮草的供给。在春秋中期以前，军队数量不多，战争规模较小，持续时间也较短，军需消耗不是太多，粮草供应也大都随军携带，数量有限，有随行的辎重车辆和后勤人员运输粮草，当部队到达某地时，则就地补给。春秋中期以后，战争规模不断扩大，持续时间长，后勤供应规模也随之扩大，“因粮于敌”成为重要的补给方式。大约在春秋中期，按照土地征收农产品作为制造车马、兵器之类费用的军赋制度正式形成。

秦汉时期，军队的武器、粮食均由国家统一提供。国家在全国各地设有专门的武库，贮藏武器装备，如有战事发生，及时发给军士使用；在中央和地方以及各交通要道、军事重地，建立粮仓，储藏粮草，以备军用。两汉统治者还在西域和北部边郡多次实施军屯措施，保证军粮的供给，增强边郡防御力量。为了确保军粮的供应，秦汉统治者还不惜投入大量人力，利用有利地形，开辟了陆路和水路交通运输线，用以运输粮草和作战物资。为适应对匈奴作战的需求，汉代还大力牧养和征集军马，发展军政。

魏晋南北朝时期，战争连绵不断，社会生产力遭到极大的破坏，单纯向编户农民征集租调用于战争的做法已无法解决军队的衣食之需，于是各王朝在征收田租户调为军队提供后勤保障的同时，大兴屯田，以供军需。

隋唐时期，后勤建设有了全面发展。这一时期军费开支主要源于国家的赋税收入。为了及时将军需物资供应到军队手中，国家不仅建立起较为完备的交通运输网，而且在长安、洛阳及其近运河沿线城镇，建立粮仓储存粮食、绢布等，以便就近供应军队的需要。唐代行军作战，还随时设置馈运使、粮料使、军粮使、供军院使等，专门负责向前线运输衣粮器械。为适应对北方少数民族作战的需要，国家的养马业也有很大发展，专门设太仆寺负责马匹问题。唐代军队后勤还设有医务人员，专门为军队治病。

宋代的养兵之费数额庞大，占据了财政支出的大部分。军费主要来源于各项形成定制的赋税收入，有时也会开发特殊性的赋敛、增铸金属货币等。军粮主要来源于赋税上交中央的粮食、官府低价强行向百姓征购、屯田三种方式。后勤供应一般由各级地方政府负责，在一些州府设置大军仓、军资库、军须库、军器库、甲仗库等；在首都有内军器库、内弓箭库、草料场及各种名目的粮仓。军队中的辎重兵负责后勤运输，战争频仍时，还经常强征民夫运输粮草。

元朝时，军队经常远距离长时间作战，主要奉行士兵自带粮草和阵前掠夺的政策，来解决粮草供应的问题。后来也仿效中原历代王朝兴置屯田的做法，养兵守边。为保障军队的通讯联络，元代还吸收了汉人的驿传制度，建立了“站赤”（驿传），按照不同标准为过往军队提供食宿。

明代军队马匹和粮草的供应，分别由兵部和户部负责。马匹主要来源于官养、民养和边界马市换取。粮草主要通过田赋实现供给，此外还一度实行军屯、民屯和商屯。明代在京师和地方还建立了数量众多的粮仓，储存粮食，以应转运军粮之需。明代驿站和由其连贯的驿道也遍及全国，驿站的功能很多，除了迎送过往使者、飞报紧急军情、转运军需物资等传统功能以外，还可储备军粮。

清军在入关以前，后勤供应主要有自备和掠夺两种方式。清军入关建立起统治全国的政权后，基本禁止军队的掠夺行为。粮草主要通过征购和屯田来解决。粮草的仓储包括从中央到地方的各级粮仓和军营设仓储粮两种手段；其转输主要通过设置驿站、粮台转送，关内以车运为主，关外以驼运为主。出征官兵都配备一定数量的马驼和民夫，并随身携带数月口粮，以解决随军供应问题。清代驿站组织形式更加多样化，有“驿”“站”“塘”“台”“所”“铺”六种名称，职能更加完备。

鸦片战争以后，西方列强用坚船利炮打开了中国大门，西方先进的军事技术开始传入中国，战争的形式也发生了重大变化，军事后勤也发生着全方位的质的变化。中国古代军事后勤体制开始向近代军事后勤体制过渡。

九、军事法制

军事法制是国家法制的重要组成部分，是国防和军队建设的重要内容，主要包括各种军法、军律、条令、条例章程的制定、内容、执行以及保障军事法制实施的各项活动等。

我国军事法制源远流长，在奴隶社会已经萌芽。当时军事法主要体现在临阵前统治者发布的誓命文诰中。如《尚书》中的《甘誓》《汤誓》《牧誓》，既是战争动员令、讨敌檄文，又是古老的军法；殷商甲骨卜辞中的“师惟律用”，《周易》师卦中的“师出以律”，都强调军队只有遵守军事法规，才能用于战争。

春秋晚期开始出现包括军法在内的成文法，如郑国子产所铸“刑书”、邓析所作“竹刑”、晋国赵鞅所铸“刑鼎”，皆包括军事法的内容。军中专司军法的法官也日趋专业化。齐、楚的军正，吴、晋的司马等，都是掌管军法的官员。战国时期，军法逐渐从一般的刑律中独立出来，法规的条文更加明晰，内容更为广泛，执法趋于公正。举凡军队的编制、管理、训练、军纪、赏罚、行军、扎营、兵役、兵器、供给，以及纪律奖惩等，“皆有法式”。比如秦国制定了《置吏律》《军爵律》《傅律》，《尉缭子·兵令下》中也大量记载了战国时期秦国的兵法。齐国制定了《守法》《首领》《将军令》《库令》，魏国制定了考选武卒之法等，以法治军已经成为普遍现象。

秦始皇统一六国以后，一方面将统一前颁布实施的军法推行全国，另一方面又进行了包括军事法内容在内的大规模立法活动，从湖北云梦睡虎地出土的秦简来看，军法在秦法中占有突出的地位。西汉初年，高祖刘邦对军法的制定十分重视，命萧何定《九章律》，韩信申《军法》；汉武帝时又修订旧律，补充了新律，使军队调动、宫卫、边防、兵役、军功爵、军马诸方面都有了相应的法令，并设置了许多地区性、细则性的军法科别，如《戍卒令》《马复令》《塞

上烽火品约》《捕斩匈奴反羌购赏科别》等。20世纪70年代青海大通县上孙家寨汉墓出土的木简中，也记载西汉时期已经有了非常严格的军法，如军令、军符、奖惩、军纪等，其中还包括汉代军人违反职责罪的种类和惩治办法的内容。汉代军中普遍设立了专职的军法执行官——军正。这些都说明稳定的成文军法、军令已经取代了临时性的军事誓言，军事法制已开始趋于成熟。

三国两晋南北朝时期，军法颁布较多，分类较细。如魏国制定的《军令》《船战令》《步战令》《军中令》，蜀国制定的《军令》3篇，吴国制定的《誓众之法》，以及两晋时期的《晋律》《晋令》中的《擅兴律》《擅兴令》《军吏员令》《选将令》《军战令》等，都属于军事法规。

隋唐时期，军事法制有了长足发展。在唐代律、令、格、式四种法典形式中，都有关于军法的内容。如《唐律》中订有《卫禁律》《擅兴律》《盗贼律》《捕亡律》等有关军事法律规范，此外还制定了《宫卫令》《军防令》《兵部格》《兵部式》等一系列专门的军事条令、条例。这一时期，中央诸卫和地方都督府均设有司法参军，辅佐长官处理军法事务。

宋代军事法制沿袭唐代而有所发展。《宋刑统》中有关军事的卫禁、厩库、擅兴等律，无论从篇名还是形式上都基本仿照唐律。宋神宗时期广泛存在的敕、令、格、式也包含了大量的军事法内容。宋代新定的重要军法是“阶级法”，确立了各级军职间的上下绝对隶属关系。在宋代，禁军、厢军、乡兵、蕃兵、弓手都有各自的军令、条例。为了战争需要，还经常制定一些临时性的军法。在宋代，殿前司、马军司、步军司都编配有掌狱讼的推案和检引条法的法司。

元代的军法既保存了较多的蒙古族传统，又吸收了唐宋刑律的立法原则。元朝法典中首次设置《军律》专篇，汇辑了各种军事法规，此外还制定了各种军事“条画”，诸如《省谕军人条画二十三款》《晓谕军人条画十四款》等，作为治军依据。

明代军事法集历代军事法之大成，并有重要创新。《大明律》是明代的基

本法典，其中专列《兵律》1篇，规定了宫卫、军政、关津、厩牧、邮驿5卷共75条，成为军事刑法的基本规范。此外还有许多专门的军事法规、条令，如《军卫法》《军法定律》《皇城守卫禁约》《行军号令》等。

清代前期，以大明律为蓝本制定了《大清律·兵律》，并根据本朝特点，参考以往的作战法规制定了《军令》，后又定期编修有关军事内容的则例，如《钦定八旗则例》《绿营则例》等，最终形成了数量较多、应时性较强的军事法律规范。清代末年改革军制，军事法也多吸取和搬用西方军法制度，古代军事法制开始向近代军事法制过渡。

十、武　举

武举是我国古代通过考试选拔武官的一种制度，创始于唐武则天长安二年（702年）。《唐会要·兵部侍郎》记载：“长安二年正月十七日敕：天下诸州，宜教武艺，每年准明经、进士贡举例送。”唐代武举创立后，被列为常举科目，由兵部主持，每年考试一次，应武举的考生由地方州府向京师举送。唐代武举重武不重文，考试内容大致分两个方面：一是以骑射及运用武器为主的军事技能；二是身材、体力、体能等身体素质。考试合格即取得授官的资格，即“告身”，由兵部颁发。经过一段时间的实际锻炼之后，根据不同情况授予一定的官职。需要注意的是，在唐代制举科目中，也有不少军武类科目如“军谋宏远堪任将帅科”等，不在武举之列，而是属于文举。由此可见唐代武举所选偏重下级军官，高级军官多通过文举选出。

宋代武举的正式实行是在宋仁宗天圣七年（1029年），神宗时期进一步完善。宋代仍由兵部主持武举事务，而由枢密院制定考试章程《武举试法》。武举考试实行解试、省试、殿试三级考试制度。在正式考试前还要在当地参加一种由当地军政长官主持的资格考试，称“比试”。解试由行在兵部主持，省试由兵

部主持，殿试由皇帝亲试。考试内容上，宋代武举一改唐代武举只重武艺和身体素质的弊端，既考武艺，又考文化。一般先试弓马武艺，弓马不精者被淘汰。弓马合格，再试文化。文化包括策论和墨义。策论，以时务边防或经史中涉及兵机者为问题，进行答对；墨义是讲释诸兵书大义。宋代武举还针对那些武艺高强而策对不出色之人，设置了“绝伦科”，北宋武举绝伦科考试内容也考“策对”，但对文章要求大大降低，而加大了对武艺考试的难度。到了南宋，绝伦科也变得文武并重。北宋重文轻武，武举进士所授武阶较低。南宋时这种情况有所好转，淳熙七年（1180 年）制定出台了《武举贡举补官差注格法》，明确规定了武举除官的具体标准和层级，武举进士的地位大大提高。

明朝在开国后相当长一段时间内，不设武举。直到明英宗天顺八年（1464 年）才始开武举。此后，武举考试的规制逐渐完备。从总体来看，明代武举实行两级考试制度，即乡试和会试，不行殿试。有明一代，殿试只在崇祯四年（1631 年）实行过一次。应武举的考生会试及第，方能加官授职，其所授官职多为军职，一般来说品级不高。不中会试者，可以去武学学习，继续参加乡试。武举最初规定六年一试，后改为三年一试。武举应试生员大部分是由各级武学考试选拔上来的武学生员，或承袭父祖军职的子弟。高级武官的子弟可以免乡试直接参加会试。考试内容分三场：初场试马上箭，二场试步下箭，三场试策题。

清代武举沿袭明制而略有变通。考试程序分童试、乡试、会试和殿试四级。殿试成绩分三等：一甲三名，赐“武进士及第”，一、二、三名分别称为“武状元”“武榜眼”“武探花”；二甲若干名，赐“武进士出身”；三甲若干名，赐“同进士出身”。定甲以后，兵部按甲授予官职。各级考试，通常每三年举行一次。考试内容也是分三场：第一、二场试弓马技勇，第三场试策论武经（见图 1–6）。[①]

① 参见商衍鎏：《清代科举考试述录》，三联书店 1958 年版，第 220 页。

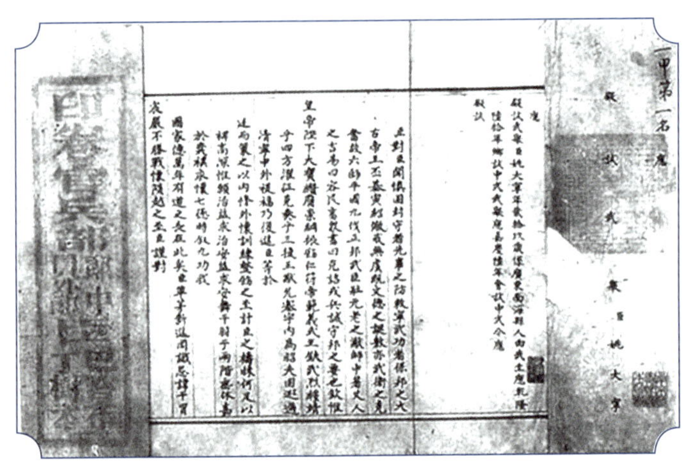

图 1-6　嘉庆六年辛酉恩科第一甲第一名姚大宁武状元之殿试卷

自唐代至清前期，统治者通过武举为国家选拔了大批的军事人才，在一定程度上巩固了国家的统治。但是到了清代末年，随着火器在军事上的广泛应用以及作战方式的不断改进，武举制度已经与时代的发展不相适应。尤其是清代中期以来，清军在与西方列强战争中的失利，也显示了武举人才不能适应新的战争需要。光绪二十七年（1901 年），实行了 1000 多年的武举制度终于宣告终结。

十一、武学

武学是我国古代培养军事人才的军事学校，北宋时期正式创立。庆历三年（1043 年），宋仁宗为了改变军事人才缺乏的局面，正式在开封武成王庙设立武学，以太常丞阮逸为武学教谕，但因遭到一些人的反对，不久即废。神宗熙宁五年（1072 年），枢密院奏请重建武学于武成王庙，得到神宗批准。中央武学起初由枢密院管理，元丰改制后拨归国子监。武学生员名额为 100 人，选文武官员中熟知兵法者任教授，生员来源为在京无品级的使臣和官员子弟，以及经由保

荐和考核合格的一般平民。此外，地方州县推荐的武举人也可免试进入武学学习。武学学制为三年，学习内容为诸家兵法、弓矢骑射和历代用兵治军的成败事例。至元丰三年（1080年），宋神宗诏命国子监司业朱服等人从当时流行的兵书中，挑选了七部兵学著作编成《武经七书》，统一刊行，并以之作为武学的教学用书和考选武举的标准。武学生员完成三年学制后，考试合格者根据等第酌受官职，不合格者可再学一年，参加次年的考试。

神宗创立武学不久，又将行之于太学的三舍法行于武学，将武学生员分成上舍生、内舍生、外舍生三级。初入学者为外舍生，每年春、秋两季各考核一次，合格者晋升为内舍生，内舍生成绩优等者可晋升为上舍生，上舍生才能出众者，经枢密院审查合格，可提前毕业，授予官职。宋徽宗崇宁年间（1102～1106年），又在诸州设立武学，由州教谕主管。宣和二年（1120年）废置。南宋时，武学一度废弛，直到宋高宗绍兴十六年（1146年），武学才重新恢复招生，其学习内容和考核方式基本沿袭北宋。

明代初年，太祖朱元璋强调文武兼备的教育，不设武学，而是专门设置大宁等卫儒学，教训武官子弟。建文四年（1402年）始置京卫武学，设教授1人。永乐年间废止。正统六年（1441年）重新在两京置京卫武学。不久，又在边徼卫所建立了卫武学，如北直隶的密云卫、永平卫、遵化卫等，都置有武学。明末崇祯年间，又命全国府、州、县学皆设武学。明代武学无论中央还是地方统由兵部武库司管理。

明代选送武学学习的，主要是年幼军官、应袭武职的儿男及弟侄，同时也接受部分都指挥等官长年失学者参加定期轮训听讲。后来又扩大到民间技能超群之士。教学内容是传统军事理论与儒家经学并重，所读经书，从《小学》《论语》《孟子》《大学》中任选一部；所读兵书，从《武经七书》《百将传》中选一部。另外也会学习弓马等军事技能。对武学学生的考核，主要由教官负责平时考核，兵部主持月考、岁考、临时考核。明代武学还制定了严密周详的规章制度以管

理教学活动。

清代“武学不是独立设置，而是以武生附于儒学。每次学政录取新武童生后，即造名册送兵部备案，同时把红案分发至各府、州、县学，武童生归当地儒学管辖，府、州、县学内无武学处则附文学教官管辖，该教官须造武童生名册移送同城武职，每月在各学射圃会同考验弓马刀箭，武生必须学习《武经》《百将传》《孝经》《四书》等，以下届新生到学为满期。满期后，仍须按时督课”[1]。（见图 1–7）

自两宋到明清时期，武学教育一直是国家培养军事人才、提高军队素质的重要手段，武学学校也成为高素质军事将帅后备人才的培训基地，受到历代统治者、教育家、军事家的高度重视。

图 1–7　清 · 旗童校射图（八旗子弟考试步射之场景，卢群点校《北京旧闻》）

① 参见刘向东编著：《中国古代军事典章制度》，白山出版社 2012 年版，第 245 页。

十二、马　政

马政，指我国古代政府对官用马匹的牧养、训练、使用和采购等的管理制度。在冷兵器时代，马匹不仅是战场上冲锋陷阵的主要力量，也是运输军需物资、保持通讯联络的重要工具。拥有马匹的数量，是衡量一个国家国力的重要标准。因此，历代统治者都十分重视马政。

春秋时期盛行车战，战国时期骑兵兴起，规模日益扩大的战争也需要更多的马匹运输军需物资。因此，春秋战国时期，马政在各诸侯国后勤保障中的位置越来越突出。当时，各国都有掌马政的职官，称“马师”或“马正”。公室纷纷建立马厩，养殖马匹。

秦汉时期，基于对匈奴作战的需要，骑兵日益发展壮大，马政对军队的建设意义重大。秦代的马政由太仆总领，负责皇室和军事用马。属地方政府领导的苑、厩，则设置苑啬夫、厩啬夫，负责管理马匹的饲养等工作。当时有专门的法律规范马匹的饲养、训练、厩苑的管理，如云梦睡虎地秦简中的《厩苑律》等。汉代的马政仍由太仆总领，所辖机构和人员规模远超前代。马厩的数量众多，汉景帝时，西北边郡设置牧苑达36处，养马30万匹。汉代各郡国也养马，郡县设马丞，在王国设仆及其属吏厩长、厩丞等，负责马政。除了政府养马之外，还通过免除兵役的办法鼓励民间养马。政府还严令禁止各种偷盗、屠宰马牛的行为。东汉时期，军事用马大大减少，马政机构和人员相应地也有所精简。

魏晋南北朝时期，由于战乱频繁，马政建设远不及秦汉时期。当时各代政府都设置了专门的官职管理马政，并营建大型的官营牧场牧养军马。此外，政府还常通过强制手段征用民间马匹以充军用。

隋唐时期，为适应对突厥、吐蕃和契丹等游牧民族作战的需要，又一次掀起了牧养马匹的高潮，马政建设颇受重视。唐代建立了一套严整的马政机构，

太仆寺掌管全国马政，其下统领乘黄、典厩、典牧、车府四署及全国的牧监。唐高宗仪凤三年（678 年）十月，置陇右诸牧监使，由太仆寺少卿李思文担任，开创了牧监（即牧场）有使的先例。全国牧监根据规模分为三等：有马 5000 匹以上者为上监，3000 匹者为中监，不足 3000 匹者为下监。从唐初贞观到中唐天宝年间，唐代牧监的地域在逐步扩大，最多时达 56 个。马匹的数量不断增多，唐初只有 5000 余匹马；到了高宗麟德年间（664 ～ 665 年），已剧增至 70 多万匹。除此以外，唐代对牧监还形成了严格的管理制度，比如马匹登记呈报、繁殖定额、死亡比率、征发次序等。安史之乱后，吐蕃西侵，陇右监牧马匹被掠夺，唐代马政自此一蹶不振。

宋代的马政机构分中央和地方两极。中央最初设左、右飞龙院，置左、右飞龙使统领，后改名为“天厩坊”“骐骥院”。宋真宗时又置群牧司，设群牧制置使一人为长官，以枢密使或枢密副使兼领，自骐骥院以下，皆听命于群牧司。地方诸州设牧监，由知州、通判兼领，牧监内设勾当、提点等官，具体负责军马牧养事务。北宋军马主要来源于国家牧监和贸易，宋神宗时还一度推行户马法、保马法，改官方牧监养马为民户养马，自愿报名，马由官府提供，同时附以奖罚措施。

元代为游牧民族建立的王朝，自然极重马政。中央管理马政的机构为太仆寺，掌管全国 14 个大牧场。诸牧场一律实行军事化管理，由世袭的千户、百户统领。除了牧场之马以外，在有重大军事行动时，统治者还在全国范围内临时“刷马”“扩马”“买马”，强行从民间征用马匹以供军用。但在征用马匹时，由于实行不等价交换，民户养马的积极性遭到严重挫伤。

明代马政，在中央由兵部统辖，其下分民牧、军牧、边贸三个系统。民牧，指民间孳牧，由太仆寺负责。军牧，指卫所军牧。凡在京在外卫所，俱有孳牧马匹，以给官军骑操。在京及南北直隶卫所，隶属于两京太仆寺，在外隶属于各行太仆寺、苑马寺及都司委官提督。边贸，指在与少数民族接壤的地方设置马市，

以绢、布、茶、银同周边少数民族换取马匹。明自正统以后，马政逐渐走向衰败。

清代前期马政主要由太仆寺管理，清末由陆军部军牧司所取代。太仆寺所辖牧场，布于蒙古草原地区，牧场之马400匹为一群，设总管等官管理。太仆寺卿、太仆寺少卿等，每三年行边一次，检阅牧场。清中期以后，随着骑兵在战争中地位的下降，马政不再成为兵制中的重要内容。

第二章 兵种

兵种是军种内部依据主战装备、作战任务等划分的军队的基本种类。在中国古代历史上，由于每个时期作战对象、作战地域、军事技术的不同，兵种也存在很大的区别。总体而言，中国古代的兵种主要有步兵、车兵、骑兵、水兵、弩兵、炮兵等。

夏商时期，作战方式以步战为主，步兵是主要兵种。大约在商代晚期，专门为作战而制作的战车出现，并越来越多地用于军事。西周至春秋时期，随着生产力的发展、马车制造工艺的进步和争霸战争的加剧，战车数量大幅度增加，车战成为主要的作战方式。与此相应，车兵占据了军队主力兵种的地位，而步兵在大多数诸侯国中的地位普遍降低，主要配合车兵作战。

春秋后期以降，战争日益频繁，战争规模不断扩大，战争激烈程度大大提高，战场也从平原旷野扩展到山林险隘、江河湖泊等地域。为适应战争的需要，兵种方面发生了重大变化：（1）步兵因其作战的机动灵活在春秋后期重新崛起，并逐渐取代笨重的车兵成为主要兵种；（2）随着战场扩大到江河湖海各类水域，齐、楚、吴、越等诸侯国相继建立水师，开展水战，水师成为这些诸侯国的独立新兵种；（3）为适应同北方游牧民族作战的需要，骑兵开始兴起，公元前4世纪末期的赵武灵王胡服骑射标志着骑兵作为独立兵种在中原各国开始发展起来；（4）战国时期，弩开始在军队中大量使用，各诸侯国竞相以强弓劲弩装备军队，弩兵逐渐从步兵中独立出来。

秦汉时期，在新的政治、军事形势下，兵种也发生了较大的变化。主要表现在以下几个方面：在汉武帝大规模发展骑兵之前，步兵是数量最大的兵种，也是军队的第一主力兵种；骑兵在汉武帝时代得到迅速发展，并取代步兵成为军队的第一主力兵种，在西汉反击匈奴的战争中发挥了至关重要的作用；车兵不再是军队的主体，尤其是汉武帝反击匈奴的战争全面展开后，重点发展骑兵部队，战车更多地是用于构筑阵垒，防御敌军的冲杀，作为独立兵种的车兵逐渐退出历史的舞台；水兵也是国家武装力量的重要组成部分，主要应用于秦汉

中央政权与南部和西南部少数民族的战争中。

三国两晋南北朝时期，骑兵一直是北方地区军队的主力兵种，三国时魏国的骑兵在统一北方的战争中发挥过决定性的作用。这一阶段骑兵发展的一个重要表现是重装骑兵——骑手和战马都披护铠甲，大量出现并用于作战行动中（见图 2-1）[①]。三国时吴国水军实力最强，蜀国则以弩兵为主力部队。南朝时期兵种以步兵和水军为主。

图 2-1 西魏重装骑兵和步兵战斗图

隋唐时期的军队仍主要由步兵、骑兵和水军、弩兵组成，其中以骑兵和水兵的作用最大。骑兵的建立主要是为了应对北方突厥的威胁。值得注意的是，为了发挥骑兵机动灵活的优势，唐代骑兵已经由南北朝、隋前期以重装骑兵为

① 该图采自卢嘉锡、席泽宗主编：《彩色插图中国科学技术史》，中国科学技术出版社、［美］祥云出版公司 1997 年版，第 113 页。

主变为以轻装骑兵为主。水军在作战中也占有重要地位，在隋灭陈、唐平萧铣、隋唐征高丽的战争中，水军发挥了重要的作用。五代时期，北方各国大都善用骑兵，南方各国则长于水战。

宋代兵种以步兵为主，水军为次。水军建设在宋代达到前所未有的规模，尤其是南宋中后期，水军人数已经达到 87000 余人，在抗击金军、保卫南宋政权的斗争中，功不可没。与宋对峙的辽、西夏、金以及后期的元都是少数民族建立的政权，骑兵为其主要兵种。炮兵在宋辽金元时期是个新兴的兵种，除金代在其末年将少量的炮兵加以单独建置外，其他各政权的炮兵均混编于各军之中。两宋虽然没有单独的炮兵建置，但其发展较早。西夏，特别是金、蒙古和元，由于受到宋的影响和攻宋战争的需要，对炮兵的建设也逐步重视起来。[①]

明清步兵和骑兵仍然是主力兵种。由于火器的迅速发展，明成祖朱棣时下令创建了一支以火炮、火枪为主要装备的部队——神机营，这标志着炮兵脱离了步兵成为一个独立的兵种。清代皇太极时，下令以“旧汉兵”（被俘或投降的明朝士兵或军官）组建了一支专门的炮兵部队，这支汉军炮兵部队大大加强了清军的战斗力，在后金与明的战斗中发挥了重要作用。随着专门的火器部队和炮兵的出现，骑兵的地位逐渐下降，明代骑兵主要和其他兵种配合作战，并配有火器。清代中期以后，骑兵无力抵御西方列强的入侵，最终退出军事舞台。

一、步　兵

步兵，是指徒步行军作战的士兵，是古代军队中人数最多、占比例最大的兵种。中国古代步兵有“徒”“卒”“徒兵”“徒”“卒”“武卒”“锐士”“技击”“带

① 参见张明、于井尧编著：《中国古代军事思想史》，吉林文史出版社、吉林音像出版社 2006 年版，第 143 ～ 144 页。

图 2–2　陶执盾步兵俑（陕西咸阳杨家湾西汉墓出土）

甲”等称呼。《六韬·战步》中最早出现了“步兵”一词：“步兵车骑战奈何？”[①]（见图 2–2）

夏商时期，步兵是军队的主要兵种，作战方式主要为使用石质兵器和青铜兵器徒步作战。弓箭是步兵的远射武器。商周之交，武王伐纣时曾率“戎车三百乘，虎贲三千人，甲士四万五千人”[②] 以战，其中的虎贲和甲士系随车作战的步兵。

西周春秋时期盛行车战，步兵在大多数诸侯国中的地位普遍降低，主要配合车兵作战。不过，由于车战要受地形条件限制，而步兵作战领域要广阔得多，所以步兵在当时战争中仍占有一定的地位。

春秋后期以降，郡县普遍征兵制的推行使得大量普通民众涌入军队，他们没有经过射御等军事训练，只能充当步卒，从而导致步兵数量激增。再加上，战场突破了平原的限制而日益复杂化，受地形影响较大的战车的地位逐渐下降。这些因素共同导致步兵重新崛起。《左传·昭公元年》记载，公元前 541 年，晋国大夫魏舒率军与北方民族狄人交战，考虑到战场地形狭险，战车无法布阵，难以与狄人的步兵交战，于是让战车上的甲士下车，作为步兵与敌人交战。这种“毁车以为行”的做法，被史家看作是春秋后期步兵全面复兴的重大标志。随后，中原诸侯国纷纷效仿。至战国时期，步兵成为主要兵种。《战国策》等典籍中所记载的“带甲数十万”“带甲百万”，说明步兵的数量和规模已相当庞大。

在战国以后 2000 多年的封建社会里，除辽、西夏、金以及后起的元代以骑

① 杨泓、李力：《中国古兵二十讲》，三联书店 2013 年版，第 139 页。

② 《史记·周本纪》，中华书局 2006 年版。

兵为其主要兵种之外，步兵一直是历朝历代军队人数最多的兵种。关于步兵的武器装备，在宋以前为制造精良的冷兵器；自宋代以后，火药开始广泛用于军事，步兵也开始装备火器，进入冷兵器与火器并用时期；到了明代，火器数量激增，质量提高，成为步兵的重要装备；清代中期以后，政府为了挽回在与列强战争中的颓势，开始购买并仿制西方的近代枪炮，步兵进入主要装备火器的时代。

二、车　兵

车兵，是先秦时期中原地区诸侯国军队中的重要兵种。夏商时期，生产技术还不够发达，马车虽已出现，但主要用于乘坐和狩猎，其装备也比较简单，还达不到作战需求。因此，战场上战车的使用也比较少。

自商代晚期以来，仰赖于生产力的发展和青铜铸造技术的进步，战车的结构和性能有了极大的发展和提高，战车在速度和冲击力上表现出原始步兵无可比拟的优越性，外加这一时期军事角逐的中心是在中原地区，广阔的平原也适宜于战车的驰冲，因此，原始的徒步格斗逐渐为车战所取代。至西周春秋时期，战车成为军队的主要装备，车战成为作战的主要方式，车兵自然也成为军队的主力兵种。

西周以后的战车，已经由商代的两匹马驾驶发展到四匹马驾驶，中间两匹辕马称“服”，左、右两侧拉旁套的马叫“两骖”。一套驾车的马合称为“驷”。每辆战车都配备一定数量的甲士和步兵。西周及春秋前期，每辆战车配有甲士10人，步兵20人。甲士10人中有3人居战车上，这3名甲士按左、中、右排列：左方的甲士持弓弩，负责射箭，是一车之首，称“车左”，也叫“甲首”；右方的甲士执戈矛，负责用戈矛等长柄兵器对敌击刺，称“车右”，也叫“参乘”；中间的甲士称“御”，主要负责驾驭战车。另外7人配置于战车左、右两翼。甲士一般由“士”以上贵族充当。步兵20人中，战斗人员为15人，另外5人

为后勤保障人员。到了春秋后期，甲士只保留战车上的 3 人，步兵则激增至 72 人。这些甲士、徒兵和每辆战车编在一起，构成当时军队的一个基本编制单位，称为“一乘”。战车数量的多少，成为衡量一个国家实力强弱的主要标准。各诸侯国的兵力也以战车的乘数来计数，一些军事强国通常被称作“千乘之国”，军力更强大的甚至号称“万乘之国”。

为了适应战争的需要，春秋战国时期出现了负担不同作战任务、形制各异的战车。比如有直接对敌作战的“攻车”，有用于防御和运输辎重的“守车”。攻车又有冲车、轻车、巢车、戎路和革车等各种名目。守车又包括苹车、广车等。

车战是典型的阵战（见图 2-3）[①]。具体作战时，战车要先列好阵形，然后再交战。交战方式有三种：第一种是先敌发动进攻，追击敌阵；第二种是固守阵形待敌来攻；第三种是双方同时发动进攻。进攻时，西周时期多是保持队形，徐缓前进，春秋以后则是快速进击。

图 2-3　春秋时期战车行进阵形复原示意图

由于战车车体笨重，机动性受地形条件和道路状况的限制很大，只适合在平原旷野地带作战，因而在春秋晚期以后，随着战争规模的日益扩大，作战地

① 该图采自杨泓、李力：《中国古兵二十讲》，三联书店 2013 年版，第 65 页。

域不断扩大到中原以外的险阻地区，车兵地位也由盛而衰。不过，在战国时期车兵仍然是军队中主力兵种之一。它常与骑兵、步兵协同作战，打击敌人。从陕西省临潼县秦始皇陵兵马俑坑的布列情况来看，车兵、骑兵、步兵分别编组，协同作战。

秦汉时期，车兵不再是军队的主体，但仍然发挥着一定的作用。汉武帝时期，军队为了对抗北方游牧民族匈奴的进攻，大力发展骑兵部队，战车主要用于构筑阵垒、防御敌军的冲杀，作为独立兵种的车兵不复存在。

三、骑　兵

骑兵，顾名思义就是骑马作战的军队。我国在西周时期，车战是主要的作战方式，车兵是主要的作战兵种，战车数量的多少象征着国家的军事实力，步兵仅是一种辅助兵种，而骑兵尚未出现。到春秋时期，各国的军队中有了少量的骑兵，同步兵和兵车混编在一起，但仅作为一种无足轻重的辅助力量作用于战场。到了战国时期，北方的一些诸侯国为了应对同北部游牧民族的作战需要，开始建立骑兵队伍，骑兵作为一种独立的兵种正式登上战争舞台。

最早组建骑兵的是赵国。赵国地处北方，经常受到北方游牧民族的侵扰，而赵国传统的车步兵，在与机动灵活的胡人骑兵作战时经常失利。为改变这一状况，赵武灵王在国内进行了“胡服骑射”的改革，要求改传统宽袍大袖的衣服为短衣窄袖的胡人式紧身服装，以便于骑射。接着又训练军队骑马射箭。不到一年的时间，便训练出一支彪悍迅猛的骑兵队伍。赵国也因为有了这支强大的骑兵，成为战国七雄中较为强大的国家。

战国时期骑兵的数量虽然不多，也没有成为主力兵种，但骑兵凭借轻捷迅速、机动性强的特点，在作战中经常担负迂回、冲击、包抄、追歼敌人的任务，在战争中发挥着与其他兵种不同的重要作用。这一时期，骑兵的马具还并不完备，

连基本的鞍具都没有，马镫当时也不存在。到了秦陵骑兵战马俑才有简单的马鞍。当时骑兵的主要武器为弓箭，作战以骑射为主，少量使用青铜剑、戟作战。

西汉时期，为了改变对匈奴作战中的被动局面，统治者大力发展骑兵。至汉武帝时期，已经建立起一支10余万人的骑兵队伍。（见图2–4）在汉匈历时数十年的激烈战争中，卫青、霍去病等将领多次率骑兵，采用远程奔袭、迂回包抄、深入敌后等战术大败匈奴。骑兵已经取代车兵成为汉代军队的主力兵种。骑兵的发展促进了适用于骑马作战的兵器、防护装具以及马具的创制和改进。汉代骑兵已经有了轻骑兵和重骑兵之分。轻骑兵基本无甲，重骑兵着甲。骑兵的兵器主要为戟、矛、刀、弓、弩、环首长刀等。骑兵防护装备的铠甲沿袭秦制，使用便于骑马作战的甲身较短的铠甲，长仅及腰，护住前胸和后背，以带系结于肩头。西汉时有了简单的鞍垫，东汉时出现了带高鞍桥的马鞍。

图2–4　汉代骑兵图（汉画像石）

三国两晋南北朝时期，大量北方游牧民族入侵中原，战事频繁，交战双方作战时均投入了大量骑兵，骑兵成为军队中的主力兵种。这一时期骑兵最大的变化就是骑手和战马都披护铠甲的重装骑兵大量出现。当时，骑兵的马具已基本完备，前后带高鞍桥的马鞍普遍使用。西晋时还发明了马镫（见图2–5）[①]。有了马镫，士兵就可以更好地协调身体，控制平衡，而且在马背上长时间骑乘也不会很劳累，能更好地发挥骑兵冲刺的威力。防护战马的铠甲也在这一时期出现。骑兵的铠甲在胸前和后背也有了左、右对称的大型圆护，双肩披有护膊。骑兵的兵器主要是弓箭、矟、长刀。

图 2–5　装有马镫的陶骑俑（湖南长沙西晋墓出土）

唐宋时期，骑兵主要以轻装骑兵为主，主要发挥骑兵机动灵活的优势，正面攻防则主要依靠步兵。至元朝，骑兵战术发展到顶峰，长距离奔袭、迂回、包抄等骑兵的优势被发挥到了极限。骑士的甲胄，内层皆以牛皮为之，外层则满挂铁甲，甲片相连如鱼鳞，箭不能穿。马均有护身甲。骑兵的主要武器是弓箭，具备很强的穿透力和很远的射程。

明代以后，火器得到了大力发展。随着专门的火器部队和炮兵的出现，骑兵的地位逐渐下降，很少作为主要的战略力量出现于战场上，主要和其他兵种配合作战，并配有火器。抗倭名将戚继光设立了车营，就是一种步、车、骑配

① 杨泓在《关于铁甲、马铠和马镫问题》（《考古》1961 年第 12 期）中指出，长沙西晋永宁二年（302 年）墓陶骑俑马镫应该是中国乃至全世界最早的马镫实例。罗宗真《中国马镫在世界历史发展上所起的作用》（见南京博物院编：《罗宗真文集·历史文化卷》，文物出版社 2013 年版）一文认为，4 世纪左右，中国确实发明了马镫，但是原始形态的单马镫；5 世纪初才出现双马镫，双马镫是真正的马镫。

合作战的方式。

清代以弓马开国，十分重视骑兵的建设，但在战术上却没有太多的发展，加上不注重火器，使中国最终沦落到被西方列强任意欺侮的境地。1860年，以骑兵为主的清军在八里桥阻击英法联军的入侵，面对敌人的密集炮火，骑兵虽然英勇地投入战斗，但也避免不了全军覆没的悲惨结局。自此，骑兵退出军事舞台。

四、水　师

水师，或称“水军”，是利用舟船在水上作战的一个军种。水师大约出现于春秋后期，当时称之为“舟师”。《左传·襄公二十四年》记载：“楚子为舟师以伐吴，不为军政，无功而还。”这说明至晚在公元前549年，楚国已经有了舟师。此后，文献中屡见楚国以舟师侵伐邻国的记载。继楚国之后，吴、越两国也先后建立起水军。公元前485年，吴国派舟师渡海北上伐齐，为齐国舟师所败，这是中国古代较早利用舟师进行的一次海战。不过，当时的船只大多数时候还不是一种武器，只是一种运输工具，作战时军队借助船只抵达作战地点，舍舟登陆，在陆上进行战斗，水师在海上作战的情况并不多。[①]战国时期，我国水师日益发展。除了南方的楚、吴、越等国，秦国也有了水师。汉代常璩《华阳国志·蜀志》载：“司马错率巴蜀众十万，大舶船万艘，米六百万斛，浮江伐楚。”

秦汉时期的水师已颇具规模。当时的水师数以万计，船只以千数，种类有楼船、戈船、下濑、冒突露桡、蒙冲等，水兵称为“楼船士”或“楼船卒”，水师将领有“楼船将军”“楼船校尉”“伏波将军”“戈船将军”“横海将军”“横海校尉”等称谓。水师的武器装备十分齐全，除了水战特用的钩钜等武器之外，

① 参见黄今言：《秦汉军制史论》，江西人民出版社1993年版，第213～214页。

凡陆地作战用的弓弩、长短兵器、火攻用具等无不皆备。当展开水战时，远则以弓弩交射，近则以钩钜、矛戟进行格斗，实施猛烈的冲角战和接舷战，在一定情况下，还实施火攻。[①] 汉武帝时，为了平息南方越地的叛乱，曾创建了一支训练有素、装备精良、拥有 10 多万常备兵员的大型楼船水师，楼船高 30 多米，楼船甲板上有三层建筑，船上舵、楫、橹、绳、帆等一应俱备。其中船尾舵的出现和使用，是当时船舶技术的一个重大突破。

三国时期，吴国的造船业很发达，造船工厂遍布今南京、镇江、南昌、温州等地，能造 4～7 帆的多桅多帆海船。因此吴国水师的实力也最强，它拥有楼船、蒙冲、斗舰、走舸等各种船舶 5000 多艘。史载，孙权曾制造过名为“大舡”的巨舰，可以容纳士兵多达 3000 人。公元 230 年，吴国还曾派万人水师到达夷州（今台湾）。西晋至隋代，战船不断得以改进。隋为了灭陈，在全国大造战船，编练水师，仅杨素在永安建的战船就以千计，其中最大的船叫“五牙船”（见图 2-6）[②]，上起楼 5 层，高 30 多米，装有 6 座可以拍击敌船的进攻性装置“拍竿”。拍竿战是两晋以后出现的新型水军作战方式，即利用桔槔原理制成的“拍竿”所携带的石块等以“拍击”敌船。

图 2-6　隋杨素“五牙”战舰复原图

① 参见糜振玉主编：《中国军事学术史》上卷，解放军出版社 2008 年版，第 226 页。
② 采自糜振玉主编：《中国军事学术史》上卷，第 9 页。

唐宋时期战船种类齐全，已能建造大吨位、五层甲板的帆船，可远洋到波斯湾。唐德宗时，洪州刺史李皋发明了由两支轮形桨驱动的车船，大大提高了战船的功效和航速。宋代以后，随着火药的发明，火器逐步装备到战船。南宋水师较为发达，战船已装备了弓射火箭、火球、霹雳炮、突火枪等。水师依靠先进的火器装备，多次击败金军水师舰队。

元朝初期，水师战舰就已有17900艘。元世祖造战船5000艘，操练水军7万人。元军对火器进行了改进，形成了最早的“火炮”，并装备在战舰上。祥兴二年（1279年）四月，元朝水师与南宋水师在广东崖山近海遭遇，在元军战舰的大炮轰击下，南宋水师终于土崩瓦解。①

明代水师在宋元的基础上有很大发展，主要表现在以下几个方面：战船种类齐全，质量优良；战船装备先进，除传统冷兵器外，还配备了当时先进的管形火器和燃烧性的火器，战斗力大大增强；航行能力显著提高，明代郑和曾先后7次率大规模船队远下西洋。从明代起，倭患影响着我国东南沿海一带的安全，因此，明代十分重视海防建设，在沿海各地设置卫所和水寨。明代抗倭的两支劲旅——戚继光率领的戚家军和俞大猷率领的俞家军，都组建有精锐的水军。这一时期，传统的作战方式已基本不用，主要采用以火器打击敌船的方式。

清代水师战船和兵器基本上是沿袭明代水师，没有大的发展，作战能力较弱，水军人数也较少，仅占清军总人数的8%左右。清代中期以后，随着西方列强的入侵，中国旧式水师在海上根本无法与列强的舰队相抗衡。面对严重的海防危机，清政府开始引进、仿制西方新式舰艇和火炮，中国旧式水师开始退出历史舞台，近代海军由此而兴。

---

① 参见陈志强：《从古代水师到今日海军》，《中国海洋报》2012年12月14日。

五、弩　兵

弩兵是以弩为主要装备的兵种。它在古代有许多专用的名称，如“材士”“赴张”“引强”“材官”“材官引强”“材官蹶张”“材官车骑”等。

弩的发明较早，大约在原始社会末期就出现了形制简单的木弩，春秋末期出现青铜弩机。《孙子兵法》中数次提到弩，说明弩已使用于春秋末期的战场。战国时期，弩开始在军队中大量使用，各诸侯国竞相以强弓劲弩装备军队。弩的普遍应用，使步兵的编成发生了较大的变化，即军中专设了指挥弩兵的仆射、发弩啬夫、队率、强弩都尉、强弩将军等军职。这种变化始于战国中期，完成于汉代，表明弩兵已独立编队，是一支执行特殊作战任务的军事兵种。[①]

由于弩这种远射武器具有射程远、命中率高、杀伤力强以及可以延时发射等优点，所以弩兵特别适合野战布阵、出奇设伏和攻守城垒。《孙膑兵法》曰：“厄则多其弩。”意思是说，在险厄的地方要多用弩兵。《墨子》中有多篇提到守城要用弩，如《备城门》要求城上每隔“九尺”（约 3 米）配备“一弩、一戟、一椎、一斧、一艾”。战国时期的马陵之战就是用弩伏击取胜的典型战例。在这次战役中，著名军事家、齐国军师孙膑以减灶退兵之计，引诱庞涓率领精锐车骑进行追击。齐军退至马陵时，利用该地地势险隘、道路狭窄以及两旁树木茂盛的特点，设伏弩兵于此。当魏军到达马陵后，齐军以“万弩齐发”“劲弩趋发”之势重创魏军。

在战国时期的实际作战中，弩兵还常常与车兵、骑兵混合编组，配合作战。陕西临潼秦始皇陵兵马俑坑中的陶俑军阵，是战国时期军阵模式的典型代表。（见

---

① 参见郭淑珍：《试论秦俑坑弩兵在中国军事史上的意义》，秦始皇兵马俑博物馆编：《秦俑学研究》，陕西人民教育出版社 1996 年版，第 476 页。

图 2–7　立射俑和跪射俑（陕西临潼秦俑二号坑出土）

图 2–7）其中二号坑是由步兵、车兵、骑兵和弩兵四个机动兵种组成的曲尺形军阵。四个兵种各自成阵，都具有独立的作战能力。这种各兵种混编的作战方式，十分机动灵活，便于随时出击，迂回包抄，联合作战。

三国时期，诸葛亮为了抗击曹魏强大的骑兵而建立了一支强大的弩兵队伍。这支军队人数当在万人以上，多由云、贵、川等地少数民族组成，战斗力很强，为蜀军之精锐。诸葛亮还在前人的基础上，改进了连弩，称作“元戎弩”，一次能发射 10 支箭，威力巨大。

隋代时，弩机制造水平提高，弩兵增多，组织了专门的弩兵队伍。隋炀帝征讨高丽时，征发江淮以南弩手 3 万人。唐代普遍设置弩兵，江淮地区“宣、洪、蕲、鄂强弩，号天下精兵”[①]。不过，唐朝的弩兵通常不是一个独立的兵种，一般情况下，弓弩手都是弩、刀（枪）并习，作战时也是随身携带刀、棒，待敌人骑兵冲至 20 步时，与战锋队一起奋勇杀敌。

弩在宋代得到大发展，弓弩兵在军队中占半数以上。弩兵也渐趋专门从事射击训练，开始摆脱弩、刀并用的时代。宋代的用弩战术大致有两种：其一是将弩兵按照战斗力强弱依次排列，一般是强弩在前，轻弩在后，或轻弩在前，强弩在后。其二是把弩手分为数队，轮番迭射。元代以后，由于火器的迅速发展，弩遂逐渐衰落。

① 《新唐书 · 李栖筠传》，中华书局 1975 年版。

六、炮　兵

炮兵的起源最早可以追溯至古代操纵重型抛石机的士卒。抛石机是古代利用杠杆原理制成的抛射石弹与火球的射远兵器。抛石机在不同的历史时期有不同的叫法，到了宋代正式定名为“砲”，后来因砲不仅抛射石块，而且越来越多地用于抛射火药物体，故“砲”演变为“炮”。因为砲的操作需要一定的技巧，所以需要经过专门训练的士卒来操作。在宋代，操作砲的士卒称为“砲手”。南宋初年陈规在所著的《守城机要》中就提出要对砲手在平时进行发射训练，对城外敌人发动进攻时可能集结兵力的地点等进行抛射演习，以备敌人来袭时，能迅速准确地打击敌人。当时的辽、蒙古军队都建有专门的砲手军，掌管飞砲之事。古代这些专门操纵抛石机的士卒可以称之为“旧式的炮兵”。

元明时期，随着管形火器的的出现和发展，火炮成为主要的攻守武器，抛石机在战争中的地位日渐下降，逐渐退出了战争的舞台。到了清代，战场上再也见不到抛石机——砲的身影。

明代火炮种类繁多，使用也日益频繁。永乐七八年（1409～1410年）间，明成祖朱棣下令创建了一支以火炮、火枪为主要装备的部队——神机营。神机营主要负责操练火器及随驾护卫马队官兵，是朝廷直接指挥的战略机动部队。据记载，明代神机营共装备火炮、火铳、鸟枪数千门，是世界上最大的炮兵团。后来朱棣在亲征漠北之战中，还提出了“神机铳居前，马队居后”的作战原则，神机营与步兵、骑兵协同作战，在战争中发挥了重要作用。神机营的创建，不仅大大提高了明军的战斗力，而且标志着世界上第一支独立的、以炮兵为主的新兵种正式登上历史舞台。[①]

① 参见巴丁编著：《战神浴火：国防科技史话》，海洋出版社2013年版，第67页。

图 2-8 红夷大炮（清道光年间铸制）

清朝时期对于火器的使用也十分重视。清军入关以前，在八旗满洲内部已有使用火器的相当数量的士兵，即所谓的“八旗炮手兵”，但当时似乎尚未形成独立的炮兵部队。后来，后金制造红夷大炮成功，皇太极下令以“旧汉兵”（被俘或投降的明朝士兵或军官）组建了一直专门的炮兵部队，这支汉军炮兵部队大大加强了清军的战斗力，在后金与明的战斗中发挥了重要作用。（见图 2-8）[①]

清军入关以后，于康熙二十八年（1689 年）创立了汉军火器营即“汉军火器兼练大刀营衙门”。康熙三十年（1691 年），清朝统治者挑“选八旗满洲蒙古兵之习火器者别为营”，正式建立了满蒙八旗的炮兵部队——火器营。火器营分内、外两营：在城内的为内火器营，分枪、炮两营；在城外的为外火器营，专习鸟枪。内、外火器营分别定时训练，除操演枪、炮之外，并操演步射、骑射及各项技艺。除此以外，清咸丰十一年（1861 年），仿照明制，创立神机营，兵员从八旗原有的禁卫军诸营中挑选，用西方近代武器装备军队，神机营很快成为清末禁卫军的主力。

① 参见周亚东主编：《中国设计全集》第 14 卷《工具类编》，商务印书馆 2012 年版，第 254 页。

第三章 兵器

兵器是士兵在战场上用来直接杀伤敌军有生力量或破坏敌军作战设施的器械和装置。它是人类社会发展到一定阶段的产物，随着社会生产力的发展而发展，又随着战争的需求而改进。

在中国数千年的战争史上，人们创制了材质各异、种类繁多的兵器。中国古代兵器的发展，以火药开始用于军事为分界线，分为前、后两大阶段：第一阶段为冷兵器时期，从兵器起源至 10 世纪火药用于军事前；第二阶段为冷兵器与火器并用时期，从火药用于军事至 19 世纪中叶。

冷兵器是直接用来斩击和刺杀敌人的军事装备，其战斗力是在人力和简单机械力作用下发挥出来的，同利用火药的化学能产生爆破作用发出光和热的火器不同，故称“冷兵器”。冷兵器是中国历史上最早出现且使用时间最长的兵器。根据兵器所用材质的不同，冷兵器时期可划分为石兵器、青铜兵器和钢铁兵器三个发展阶段。其中夏代以石兵器为主，商代、西周和春秋时期以青铜兵器为主，战国以后则以钢铁兵器为主。冷兵器种类繁多，从用途上可分为四种类型：其一是进攻性兵器，主要包括格斗兵器、护身兵器、远射兵器。其二是防护装具，包括穿在人、马身体上的铠甲、保护头部的胄和拿在手里以抵挡对方攻击的盾等。其三是城战器械，包括攻城器械和守城器械。其四是侦查器械，用来侦察敌情。

在唐代末年，火药开始用于军事，这宣告了冷兵器时代的结束，中国古代兵器的发展进入冷兵器和火器并用时期。中国古代火器也经历了一个发明和不断创新的历程。北宋是火球、火枪、火箭等早期火器的创制阶段，燃烧性火器和爆炸性火器都有所发展。但是，总体而言，这一阶段的火器品种数量少，杀伤力和摧毁力有限，大量装备军队且起决定作用的兵器还是冷兵器。

元明时期是火器发展的重要阶段。这一时期，出现了金属管形射击火器——火铳。火铳发射快、射程远、威力大、寿命长，发明不久便成为军队的重要装备。明代改进火铳结构，提高了质量，增加了品种，使之更加有利于实际作战。明永乐年间还创建了世界上最早的火器部队——神机营。由于火器的大量使用，明代

的钢铁兵器地位逐渐降低，但在整个军队的装备中，冷兵器仍然占据主要地位。

明代后期，军队在与西方入侵者的交战中，发现西方列强的枪炮更为先进，威力更大，于是统治者下令吸收西方新式枪炮优势，对中国原有的各类火器进行改进。明代成功仿制了重型火器佛郎机、鸟铳和红夷大炮。武器的改进也影响到部队编制，如抗倭名将戚继光的部队组建了火器与步、骑兵结合的战车部队——车营。

清代前期，由于战事的需要，统治者尚十分重视火器的使用和制造。但随着战事的减少，对枪炮的需求降低，加之历代统治者实行闭关锁国政策，不但限制火器的研制，同时也隔绝了国外先进火器的传入，致使中国的火器制造停滞不前。清代中期以后，面对西方列强的入侵，清军节节败退，清政府开始大量购买和仿制西方近代火器，我国古代火器逐渐被近代新式火器所取代。

一、远射兵器

远射兵器是通过机械装置将箭矢、弹丸射至敌方的远程兵器，是中国古代军队的重要装备。常见的远射兵器有弓箭、弩、抛石机等。远射兵器虽然种类不多，但可以远程杀伤敌人，杀伤力较强，往往起着决定战争胜败的关键作用。

1. 弓箭

弓箭是古代的一项重要发明，说明人类很早已经懂得利用通过机械储存起来的能量。人们用力拉弦迫使弓身改变形状，把能量储存进去，然后把弦猛然松开，被迫变形的弓身急速复原，就把刚才储存的能量释放出来，这种极速而猛烈的能量能够把扣在弦上的箭有力地弹射出去。弓箭的发明意义十分重大，恩格斯曾评价说：“弓箭对于蒙昧时代，正如铁剑对于野蛮时代和火器对于文明时代一样，乃是决定性的武器。”①

① 恩格斯：《家庭、私有制和国家的起源》，人民出版社 1972 年版，第 21 页。

1963 年，在距今约为 28000 年的山西朔县峙峪村的旧石器时代晚期遗址中发现了一枚用燧石打制的箭镞。这个发现确凿地证明了中国先民至迟在距今约 2.8 万年前已经使用弓箭。原始的弓为单体弓，是用单根的竹木弯曲制成，箭仅仅是削尖了的木棍和竹竿。后来弓发展到复合弓，为了增强箭的杀伤力，在前端加装兽骨、石头等做成的坚硬锐利的箭簇。后又在箭的尾部加装箭羽，以增强箭的稳定性。

到了东周时期，弓的制造水平大大提高，已经能用多种材料制作复合弓，先在竹木制成的弓身上傅角批筋，再缠丝涂漆，这样弓的弹性较之以前会更大。箭簇出现了三棱椎体青铜簇，穿透力和杀伤力更强。

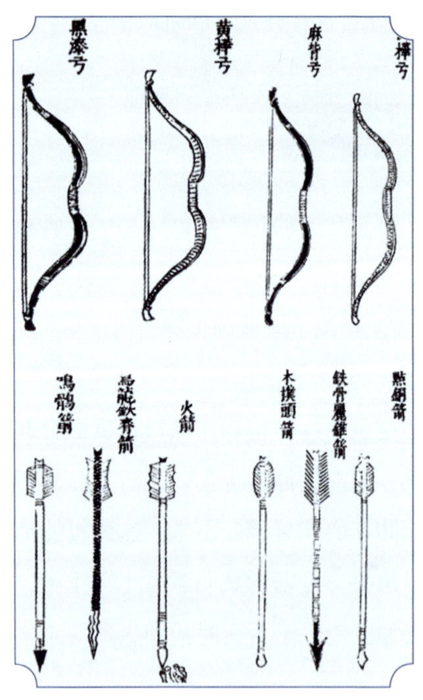

图 3–1　宋代的弓、箭

秦汉以后，弓的基本构造没有变化。但在材料选择和外表装饰上更为讲究。汉代注重使用强弓劲弩，有“虎贲弓”“雕弓”“角端弓”“路弓”“强弓”等名号。史书记载，东汉盖延、祭肜等骁将所用弓的张力，已经达到 150 千克。在箭簇方面，汉武帝以后大量使用铁簇。唐军使用的弓有长弓、角弓、稍弓、格弓等，各有不同的功用。宋代骑兵多用强弓，采用“满开弓，紧放箭”的速射方法射敌。《武经总要》中记载了北宋时期的各种弓箭（见图 3–1）。

清代的弓虽然名称很多，但已不是主要的射远兵器。随着枪炮的发展，弓的射远作用相形见绌，最终被淘汰。

2. 弩

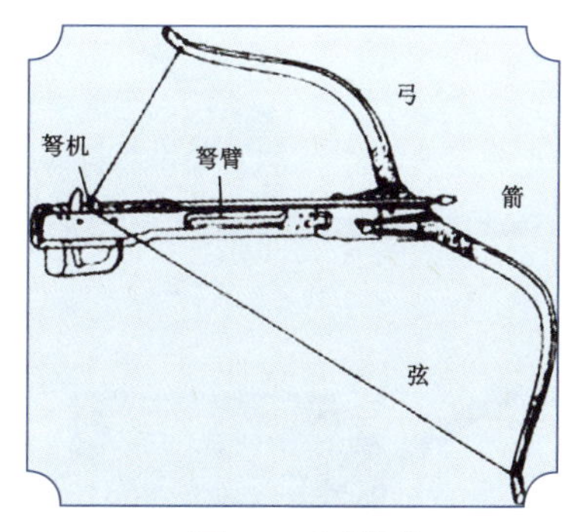

图 3–2　弩的构造

弩（见图 3–2）[①]是在弓箭的基础上产生的，是将一张弓横装在木臂的前端，然后用枢把一个机括装在弩臂上，使张开的弓弦管在机上，扳动机括，松开弓弦，将箭弹射出去。与弓箭相比，弩操射方便，射手可先张弦安箭，再纵弦发射，而弓箭手却要在用力张弦的同时进行瞄准，因而弩的命中精度更高。

从考古发掘的材料看，大概在原始社会晚期或者说至少不晚于商周时期，我们的祖先已经开始使用木制弩了。到战国时期出现了青铜弩机，大大提高了弩的杀伤力。当时，弩已经普遍用于装备军队，投入作战。在著名的马陵之战中，齐军在将魏军引诱至马陵道之后，就是利用弩展开猛烈射击，使魏军大乱终至兵败。

图 3–3　东汉铜弩机

到汉代，弩更加普及，其形制和性能也有了很大的变化（见图 3–3）[②]。其中一个变化是青铜扳机外面出现了铜质机匣——郭，即将牙、悬刀和牛都用铜枢牢固地安装到弩郭中，再把铜郭嵌进木弩臂上凿出的机槽中去，从而增加了弩臂和弩机的强度，使弩箭射程更远，杀伤力更强。另一个变化是弩上出现了带刻度的“望山”，其作用类似于近代步枪上的标尺，射手可按目标的远近，通

① 采自王兆春：《中国的兵器》，中国国际广播出版社 2010 年版，第 78 页。
② 采自糜振玉主编：《中国军事学术史》上卷，插页第 9 页。

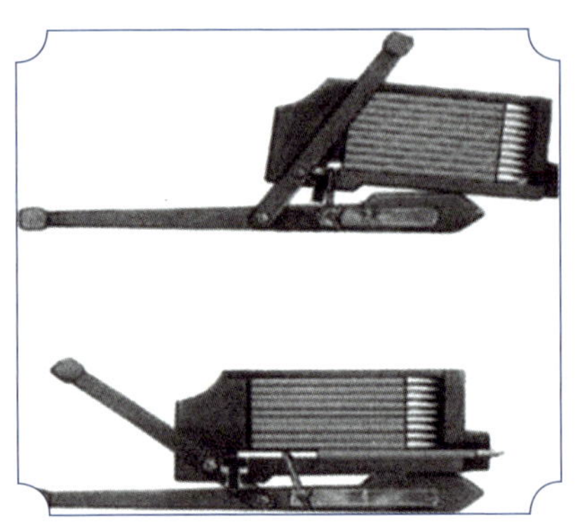

图 3–4　诸葛连弩复原示意图

过望山控制镞端的高低，调整发射角，以便准确地命中目标。三国时期，蜀相诸葛亮将西汉时连续射箭的连弩改进为十箭连射的元戎弩（见图 3–4）。①

东晋南朝的军队中，装备有“神弩”“万钧神弩”等名号的强弩。在南京秦淮河曾发现过 5 件南朝时的铜质弩机，尺寸相当大，弩臂 180 ～ 226 厘米，弩弓长 430 ～ 540 厘米，仅靠个人力量不可能发射，应该是安装在床子上，依靠用绞车的办法才能张开。这种强大的床弩在唐宋时期继续沿用。宋朝曾公亮《武经总要》中记载了北宋时期的各种床弩，如“合蝉弩”“三弓弩”“次三弓弩”“斗子箭”“踏橛箭”等（见图 3–5）。由于床弩的威力大，并可发射火药箭，攻守城战和野战都可使用。

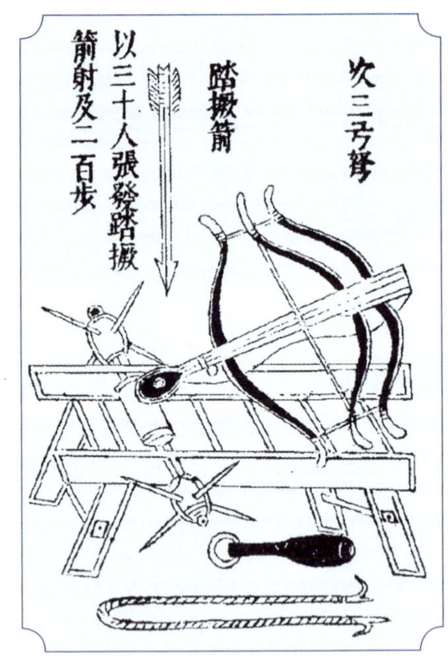

图 3–5　宋代的次三弓弩、床弩

明代以后，由于枪炮的广泛使用，弩和弓逐渐退居次要地位，最终被淘汰出战争的舞台。

① 参见杨泓、李力：《中国古兵二十讲》，第 99 ～ 100 页；海默、尚论聪主编：《中国历代军事通览》，外文出版社 2010 年版，第 218 页。

3. 抛石机

抛石机是古代利用杠杆原理制成的抛射石弹与火球的射远兵器。抛石机在各历史时期有不同的叫法，最初称“旝”“飞石”“发石”“抛车”“礮”等。到了宋代，抛石机正式定名为“砲”，后来因砲不仅抛射石块，而且越来越多的用于抛射火药物体，故“砲”演变为“炮”。抛石机在我国起源很早，古代文献称其在春秋时期已经出现，不过已经无法证实。明确记录有使用抛石机的最早战例是发生于公元200年的官渡之战。曹操为了挽回对袁绍作战的颓势，制造“发石车”，抛射巨石，将袁绍的高大楼橹一一摧毁。袁绍军称其为“霹雳车”。

抛石机的基本构造是在做好的各种大木架上横置一根木轴，木轴的中央穿过一根粗长圆木，这根粗长的圆木即为抛射杠杆，也就是炮杆。炮杆的尾端系有一个放置石弹或火球的皮窝，头部系有几十条甚至上百条炮索，以便射手拉动。将要抛掷时，由一人测定目标，其他人各拉一根炮索，指挥者一声令下，众人齐拉炮索，使炮杆急速翻转，使炮石沿切线方向飞出，至敌阵击砸目标，达到摧毁和杀伤的目的。

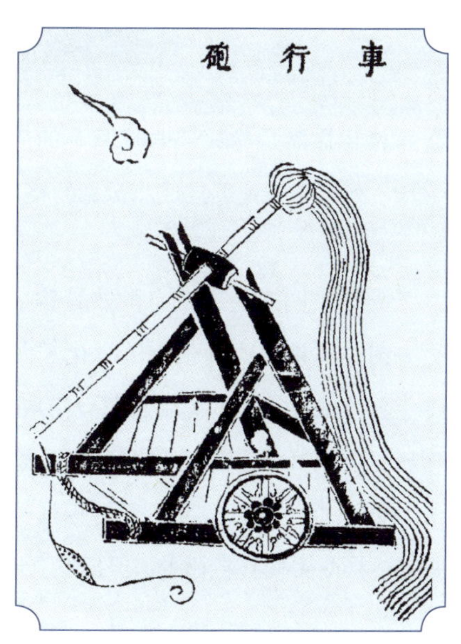

图 3-6　宋代车行炮

从南北朝至隋唐时期，抛石机不断用于攻城战，且规模巨大。到了北宋时期，抛石机有了很大发展，品种日多，威力增大。《武经总要》记载了宋代使用的十几种炮，其中有固定的“单梢炮”“双梢炮”“虎蹲炮”等，也有安于车上便于机动的“车行炮”（见图 3-6）、“卧车炮”等。抛石机在宋金战争中曾被大量用于攻城和守城的战斗中。1126年，宋军坚守开封时，就曾大量使用抛石机，

阻止金兵攻城。

元代十分重视抛石机的使用，各路大军都有炮手。元代还创制了一种威力巨大的“回回炮”，也称“襄阳炮”。襄阳炮威力大的原因有两个：一是抛射的石弹大，重达 75 千克。而宋军抛石机抛射的石弹不超过 45 千克。二是炮梢的受力方式有所改进。宋军抛石机的受力端系有十几根甚至上百根拽索，用人力拉动炮梢，将石弹抛出。襄阳炮炮梢的受力端附系一块巨石或重金属块，用钩将其钩住，不使下坠；抛射时，即将钩突然解脱，巨石急速下降，使炮梢急速旋转，石弹因受瞬时突发力的作用而被抛出。襄阳炮既可抛射传统的巨大石炮弹，也可抛射新型的火药制作的火毬、霹雳炮等。

不过，随着管形火器，尤其是金属管状火器——铜火铳的出现，笨重的抛石机地位一落千丈，明清时期最终退出了战争的舞台。

二、格斗兵器

格斗兵器是冷兵器时代基本的攻击性兵器，它们一般由长柄的一端安装上尖锋、利刃和钩锤等构成。常见的格斗兵器有戈、矛、戟、斧钺、长柄刀、剑等。

1. 戈

戈是中国古代所特有的兼具钩、啄两种功用的长柄兵器。戈在古代曾经盛行一时，所谓“大动干戈”“化干戈为玉帛”的成语已经为人所共知。戈的构造十分特殊，完整的戈由三部分组成：一是戈头。戈头包括援、内、胡三部分。援，是戈的长条形锋刃部分；内，是戈尾部横向伸出的部分，呈榫状，用来安装木柄；胡，是指由援向下转折延长的弧形部分。内与胡上有穿孔，可以穿系皮条，将戈头捆扎在柲上，保证戈头不致于在实战中脱落。二是戈柲，为戈的柄。

三是戈镦。镦安在柲的尾端，使戈插在地上不致偏斜。（见图 3–7）[①]

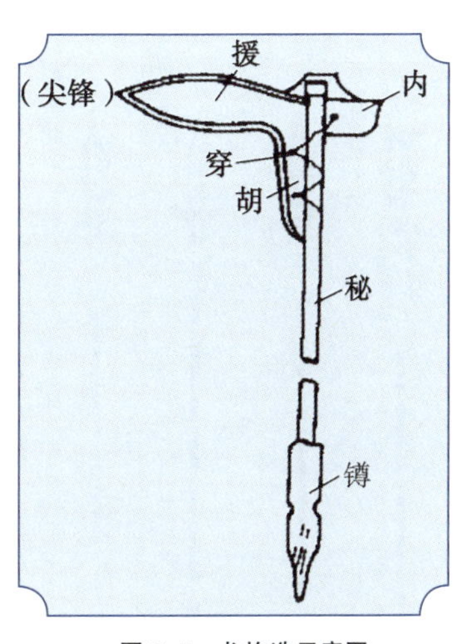

图 3–7　戈构造示意图

新石器时代晚期的石戈，其援和内分界不明显。进入青铜时代后，戈类兵器得到空前发展，成为战车的武器装备之一。从商代中晚期起，戈头的形制在不断改进。做法之一是使戈援上昂，扩大与胡的夹角，以增强杀伤力。做法之二是设法使戈头与柲结合得更牢固，常用的办法是加长胡、多设穿，或在援、内之间加设栏法。戈柲的长度根据实际需要而不同，有短戈、长戈之分。一般说来，长戈多用于车战，短戈多用于步战。战国晚期以后，由于钢铁兵器的出现和骑兵的兴起，铁戟的使用增多，戈在战争中的地位逐渐下降，秦以后开始淘汰，两汉以后在兵器行列中绝迹，只留下了“戈”字作为兵器和战争的象征。

2. 矛

矛是一种用于直刺、扎挑的长柄格斗兵器，后世也称其为“枪”。矛由矛头和长柄两大部件组成。不同时代的矛头形制不一，材质也有差异，但基本都是由尖锋、侧刃、矛叶、矛脊、装柄用的骹、附在骹侧用于绑固矛头的环纽等部位构成。

矛的历史悠久，在新石器时代是一种重要的渔猎工具，只需要将石质、骨质或陶质的矛头捆绑在木棍上就可以。至迟到商代已经出现了青铜矛。后来由于铁器的普及，铁矛逐渐取代了铜矛。铁矛前锋更锐利，长矛缩短，重量减轻，便于使用，威力更大，矛逐渐发展成为军队中的重要装备。大约到隋唐时期，

① 参见陆敬严：《中国古代兵器》，西安交通大学出版社 1993 年版，第 34 页。

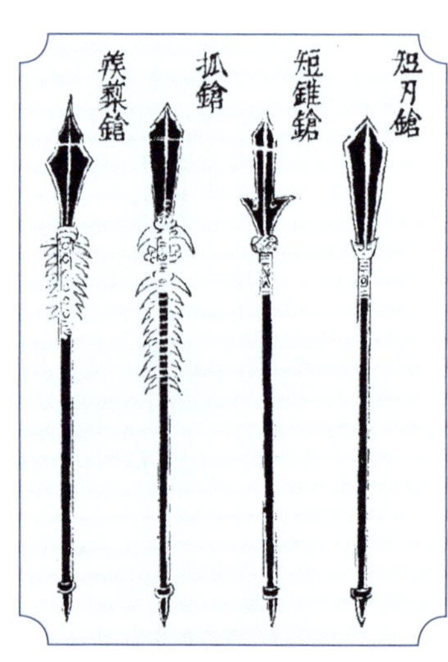

图 3–8 宋代的枪

矛改称为“枪”，已经用于装备骑兵和步兵，成为一种使用最为普遍的兵器。宋代的枪种类多样，仅《武经总要》中就记载了 18 种之多（见图 3 8）。当时英勇善战的名将杨继业父子、岳飞等都是长于用枪的能手。自元至明清时代，虽然火器在战争中的作用越来越大，但枪作为百刃之首，其形制更加多样，功用也有变化，仍是战争中发挥着重要的作用。

3. 戟

戟是戈和矛合为一体的长柄格斗兵器，由长柄和戟头构成，具有钩、啄、刺、割等多种用途，其杀伤力比戈和矛都要强。目前我国所见到的最早的戟是出土于河北藁城台西商代遗址的戟，其将青铜戈、矛同装在木柄之上。[①]西周时期的戟多为戈、矛合铸为一体的青铜“十字形戟”。战国末年，随着冶铁技术的发展，出现了钢铁戟。这种戟是连铸而成的，戟身平直，横出小枝，称“卜字形戟”，为了加固，在戟身和小枝交接处加套铜龠。有的戟还在长柄上端自上而下联装两件或三件戈头，人们称之为“二果戟”“三果戟”（见图 3–9）。秦汉至三国时期，戟的使用日益普遍。西楚霸王项羽和东汉三国时期的吕布、张辽、典韦等，都是用戟的名将。南北朝以后，戟的形制又发生变化，其小枝逐渐上弯，啄击功能消失，而具备了叉刺

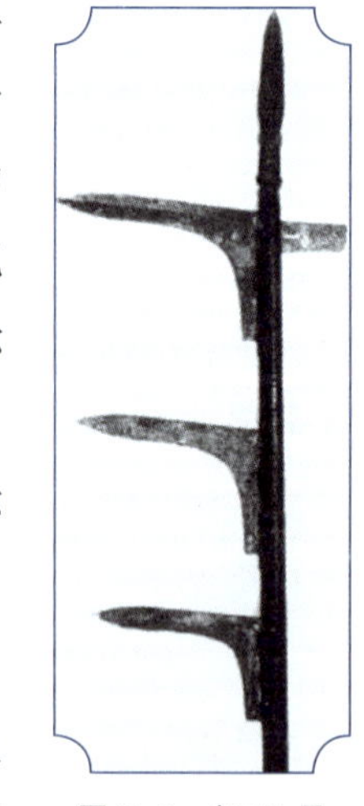

图 3–9 铜三果戟（湖北随州战国曾侯乙墓出土）

① 参见河北省文物管理处台西考古队：《河北藁城台西村商代遗址发掘简报》，《文物》1979 年第 6 期。

功能。魏晋南北朝前期，戟是军队的主要装备之一。隋唐以后，戟逐渐退出兵器行列而成为仪仗用品。

4. 斧、钺

斧、钺是用于劈砍的弧形阔刃格斗兵器。二者基本构造相似，区别在于钺是一种大斧，刃部宽阔，呈半月形，更多地用作礼兵器；斧则是一种用途极广的实用工具。

最早的斧为石斧，由新石器时代晚期的工具演进而来，最初只有少数人使用。斧身多为长方形和梯形，有的有穿孔，有的没有穿孔。安装时，一般将斧头安入木柄的卯眼内，与木柄垂直正交，构成横柄斧。柄头前粗后细，便于操作。三国时制成了钢铁斧，诸葛亮曾下令制造战斧，并把它列为与刀同等的战斗兵器。晋代以后，斧刃加阔，斧柄减短，砍杀作用得到大幅度提高。唐至明清时期，战斧的种类日益繁多，使用也十分普遍。仅以清军武器准备而言，就有长斧、短斧、双斧、圆刃斧、平刃斧等几种战斧。

钺是由斧演变而来的（见图 3–10）。青铜钺在夏末商汤伐桀时已有使用，此后成为商军的装备。商代的青铜钺宽大而厚重，装饰华丽。河南安阳妇好墓出土的“妇好钺”，长 37.3 ～ 39.5 厘米，刃阔 37.5 厘米，重 9 千克，饰有双虎噬人头纹，被商代第二十三代王武丁的配偶妇好作为领兵出征时统帅权的象征。

图 3–10　亚醜钺（山东青州苏埠屯 1 号商墓出土）

在古代，钺也常被用作礼器和断头用的刑具。《史记·周本纪》记载，周武王伐纣时即“左执黄钺，右秉白旄”，指挥战斗。纣王战败自焚后，武王“以黄钺斩纣头，悬大白之旗”。武王进驻商宫行登基礼时，“周公旦把大钺，毕公把小钺，以夹武王”，表示辅佐武王统治国家。战国时期，钺已很少使用。秦汉以后，

钺已与斧混用，大多用于仪仗。①

5. 剑

剑是一种适合近战的短柄的劈刺兵器，形体较短，双面有刃。士兵多单手执握，或与盾配合使用。剑最早出现于西周前期，用青铜铸成，长度只有30厘米，只能用于防身卫体。春秋时期，青铜剑的发展日趋成熟，剑身逐渐加长，品质也愈加精良，当时以吴、越、楚三国的铸剑技术最精。许多著名的青铜剑，如吴王光剑、吴王夫差剑、越王勾践剑（见图3–11）等都出土于这一代。春秋晚期以后，随着冶铁技术的发展，逐渐用铁来锻造剑。战国时期，随着车战的衰落和步兵的兴起，剑的作用日益重要，甚至成为步兵标准装备的组成部分。西汉钢铁剑普遍取代了青铜剑，剑刃更加锋利。不过，随着骑兵的兴起，对劈砍兵器的需求增强，剑用于挥砍较易折断，于是西汉出现了更便于劈砍的环首刀。东汉时期，环首刀完全取代了剑在军队武器装备中的地位。不过，剑虽然退出了战争舞台，但它的佩戴、仪仗功能却沿袭至清代。

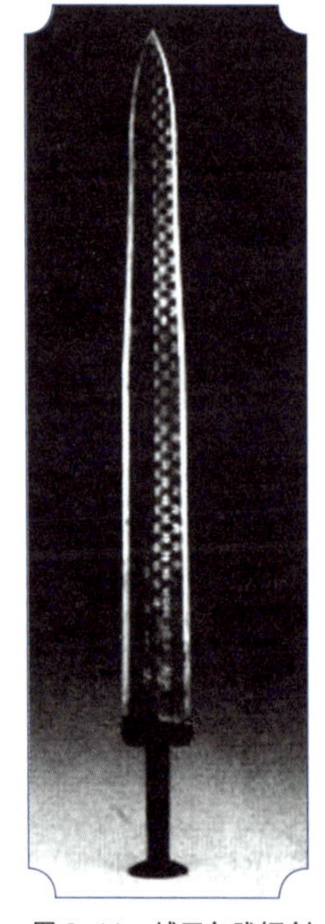

图3–11　越王勾践铜剑（湖北江陵楚墓出土）

6. 刀

刀是古代一种用于劈砍的单面侧刃格斗兵器。其构造主要包括两部分：一是刀身。刀身狭长，一面开刃，一面为厚重的刀背。二是刀柄。刀柄有长、短之分，短柄刀单手执握，或一手握刀，一手执盾，攻防配合，而长柄刀则双手使用。

早在新时期时代晚期，就出现了石刀、骨刀、蚌刀。商代出现青铜刀，但制造数量不多，使用较少。西汉时，

① 参见王兆春：《中国古代兵器》，第61～62页。

骑兵迅速发展，迫切需要一种适合骑兵使用的劈砍兵器。刀恰好适合这种需要。于是西汉中期以后出现了用钢铁锻造的环首刀。这种刀直体长身，刃薄脊厚，柄较短，柄首上加有圆环，故称“环首刀”。在汉代画像石上，经常可以看到骑兵、步兵持环首刀的形象，多一手握刀，一手持盾。隋唐时期，刀是军队的主要武器装备，或用短柄佩刀，或用长柄陌刀，几乎每人一口。到了宋代，长柄刀的种类很多，有单刃的屈刀、偃月刀、眉尖刀、笔刀、凤嘴刀，有双刃的棹刀，还有由戟演化而来的戟刀等。而短柄刀只有手刀一种，较之以前，刀身前段加宽，刀刃微弧，并在刀身、柄间加了护手。元代以后，由于军队中普遍装备了火器，冷兵器逐渐衰落，刀虽然仍然使用，但重要性已是今非昔比。

三、卫体兵器

作为贴身搏斗时的卫体兵器，主要有匕首、短剑、短刀等。匕首是一种以刺杀为主、兼能砍击的两用兵器。由短柄与短刃构成，构造形式与剑相似而更短，多为近战卫体之用。我国新石器时代晚期已用磨制的方法制成短柄骨匕首和石匕首。商代以后匕首发展为由青铜或铁铸成。由于匕首短小犀利，容易藏匿，所以常被古人用作行刺的利器。春秋末年专诸刺杀吴王僚、战国时荆轲刺秦王所用兵器均是匕首。汉代以降，匕首一直是军队装备的卫体兵器。据《东观汉记》记载，东汉初年邓遵打败匈奴，一次缴获剑和匕首两三千把。《诸葛亮集·文集·作匕首教》记载，三国时期蜀相诸葛亮曾“作匕首五百枚，以给骑士”。由于匕首携带方便，所以即使在火炮发达之后，仍然还是军人无法离手的武器。除此以外，上述格斗兵器中的短柄刀、短剑等也常被当作卫体兵器使用，此处不再论述。

四、防护装具

防护装具是在战争中用于遮身护体、保护自己的设施与器具。防护装具可分为两类：一类是古代将士穿在身上的盔铠甲胄，或保护战马的马甲；一类是供将士执握，用来抵挡敌人攻击的盾。

1. 铠甲

铠甲是古代用来遮蔽将士身体的防护装具，在古文献中又有“介”“函”“铠”等不同名称。原始的铠甲是用藤条和兽皮制成的。商周时期出现由皮革制成的皮甲，最初皮甲大概是将整张兽皮披在身上，后来发展到将皮革裁成甲片，然后用索条编缀而成。春秋战国时期的皮甲一般是由甲身、甲裙和甲袖三部分组成，也有一种只有甲身、甲裙而没有甲袖的皮甲。有的甲衣上还嵌装有一些青铜甲泡。战国晚期，铁制铠甲的使用已经逐渐增多。至西汉时期，军队已普遍装备铁甲，由于铁色黑，而称“玄甲”。当时的铠甲有两种：一种是用形似简札的长条形甲片编成的札甲；另一种是用许多小甲片层层相叠编成的鱼鳞甲（见图 3-12）[①]，东汉中晚期至三国时期出现了钢甲。魏晋南北朝时的铠甲有袖筒铠、黑光铠、明光铠、两裆铠等（见图 3-13）。明光

图 3-12　汉代铁鱼鳞甲复原模型

① 采自杜文玉等编著：《图说中国古代兵器与兵书》，第 16 页。

铠因胸前、背后装饰的金属圆护闪烁耀光而得名。北魏至隋唐时期，明光铠是军队铠甲的主要形式。宋代铠甲制作严密，每套铠甲由护体的“甲身”、护肩的“披膊”、护腿的“吊腿”、保护头颈的“兜鍪顿项”等组成。这一时期，用钢丝或铁丝环套编联的锁子甲也发展到了完善的地步。元明以后，铠甲虽然仍在使用，但是由于火绳枪炮的发展，其防护作用已日益下降。清代中期以后，最终完全被淘汰。

图 3-13　穿明光铠、两裆铠的武士俑（北魏）

2. 胄

胄是古代军队中用来保护头部的装具，其形如帽，又称“盔”“兜鍪”“头鍪”等。胄常与铠甲合用，称为“甲胄”“盔甲”。原始社会晚期部落进行战争时已经开始使用由藤条、兽皮制成的胄。商代出现青铜胄。迄今为止发现的最早的青铜胄是河南安阳出土的商朝制品，胄面上铸有虎纹、牛纹及其他图案，胄顶有一根铜管用来插装缨饰。春秋战国时期，胄的种类增加，并出现了铁胄。在河北易县燕下都战国晚期墓中出土一副用 89 片铁甲片编缀而成的铁胄，头后连着“顿项”，可以有效遮住前额以上头顶以及后面的脖颈、耳部，只露出双目、口、鼻和部分面颊。因其形貌似炊具“鍪”，故称“兜鍪”。这种胄自秦汉至南北朝时期继续沿用，不过是加长了护耳，制作更精细。唐代的头鍪装饰华丽，护耳向上翻卷。宋代的头鍪顿项（见图 3-14）较宽，顶部有巨大的缨饰。宋代以后，头鍪又多称为“盔”。元代甲胄有皮胄

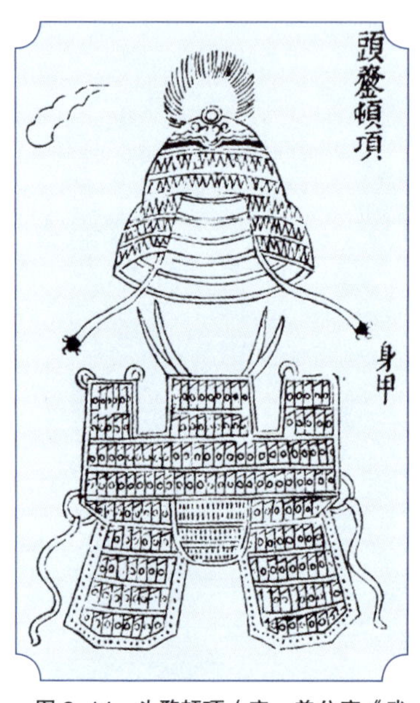

图 3–14 头鍪顿项（宋·曾公亮《武经总要》插图）

和铁胄两种。皮胄上加附钢、铁饰体，胄顶有插缨饰的筒套。铁胄上也雕铸各种花纹，有的还错金银。两种胄前脸都有“眉庇”遮护眼睛。宋代以后，火器的使用日益普遍，甲胄的防护功能日益弱化，于是逐渐退出了战争舞台。

3. 马甲

马甲，是古代军队中用来遮护战马的设备。春秋时期，马甲已经流行，当时车战为主要作战形式，因此多用马甲来装备服马，也有四马同时装备的，称为“驷介”。但其具体形制尚无有关的考古资料可资研究。骑兵装备马甲始于汉代，三国魏晋时期已初具规模，南北朝时已使用铁片或皮革制成的具装铠，使马铠发展到比较完善的阶段。这种具装铠由面帘、鸡颈、当胸、马身甲、搭后、寄生等六部分组成，分别保护战马的头、颈、胸、躯、臀、尾六处。宋代的具装铠去掉了寄生。少数民族的战马也披有马甲。辽和西夏军战马披着的是铁制马甲。金军的骑兵，人着铁甲，马披铁制具装铠。金军主将金兀术本人统率的4000名牙兵号称“铁浮图”，他们在战场上驰骋纵横，使宋军吃了大亏。明清时期，由于火器的大量使用，枪弹和炮弹的穿透力和杀伤力极大，战马的防护装具因而成为可有可无之物。

4. 盾

盾是古代为了保护将士免受敌人兵刃矢石的伤害而发明的防护装具。在古代，盾又称“干”“橹”“瞂”，南北朝以后又称“彭排”“旁排”等。古代士卒常常是右手持短刀，而左手执盾以蔽敌。原始的盾牌大抵是用自然生成的藤条、木条和坚韧的兽皮经过简单的编缀而成。商周时期，用木、革制作或藤

条编成的盾是军队中的重要防卫兵器。当时步兵和车兵都配备了盾，步兵使用盾面蒙皮的狭长盾，可以连锁竖盾组成防御屏障；车兵使用盾面蒙皮的窄短孑盾，又称“车盾”。春秋战国时使用圆形盾，牌面中央外凸，背面有握把。秦汉时期开始使用铁盾。唐代军队把盾称作“彭排”。据《唐六典》记载，唐军使用的盾有膝排、团排、漆排、木排、联木排、皮排，合称“唐六排”，宋代称盾为“旁牌”（见图3–15），它们都用坚木制成，牌面蒙有皮革。步兵旁牌较长大，上尖下平，中间有几道横档，背面安有戗木，可用它支立于地上。骑兵旁牌为圆形，面积较小，背面有套环，作战时将其套在左臂上，用以抵御矢石。[①]元代出现了一种折叠盾，用时张开，行军时折叠易带。明代还创造了与火器配合使用的盾牌，它在盾牌背面可藏燃烧性火器、神机箭与火枪，兵盾结合，攻防兼备。清代沿用明代步兵盾牌，直到清末才最后弃用。

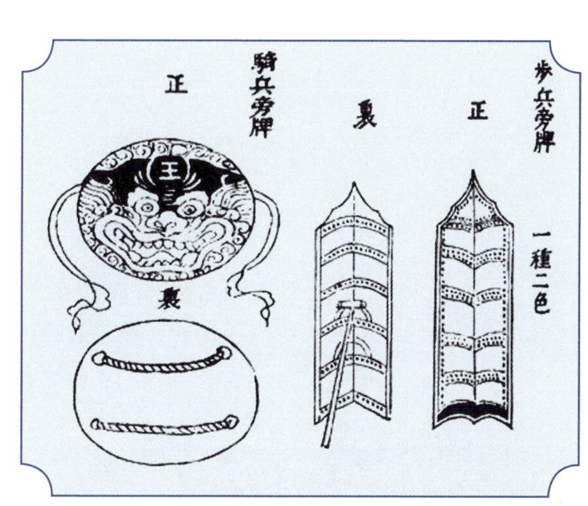

图3–15　骑兵旁牌（宋·曾公亮《武经总要》插图）

五、城战器械

城自出现以来，一直是国家的政治、经济、文化中心，往往也是战争的必

① 参见王兆春：《中国古代兵器》，第91页。

争之地。因此攻守城池是古代重要战争形式之一。伴随着城的出现和发展，古代出现了名目繁多的攻城器械和守城器械。北宋曾公亮《武经总要》对此有较为详细的记载。较为常用的攻城器械有云梯、火车、轒辒、吕公车、撞车、幔、填壕车、搭天车等，守城器械有塞门刀车、櫑、猛火油柜、穿环、木立牌、拐突枪、钩竿等。另外还有一些用于阻止敌军行动和杀伤敌军人马的障碍器材，如铁蒺藜、尖头木桩、拒马枪等。

1. 云梯

云梯是古代战争中供士卒攀登城墙的工具。云梯至迟在战国时期已经出现。《墨子·公输》记载，公输般造云梯献给楚王，助楚攻宋。河南汲县三彪镇等地出土的战国时期的水陆攻战纹铜壶、铜鉴上的花纹，再现了用云梯攻城的场景（见图 3-16）。[①] 在秦以后的历朝历代中，云梯一直是攻城的必备战具。北宋《武

图 3-16　战国铜鉴上的水陆攻战纹

① 参见中国社会科学院考古研究所编著：《中国考古学·两周卷》，中国社会科学出版社 2004 年版，第 426 页。

经总要》对此有所记载并附图（见图3–17）。云梯的主体为两节连在一起的大木梯，中间以转轴连接，梯子顶端安有铁钩，可以抓搭城头。云梯车的底部设计为四面有屏蔽的车型，用生牛皮加固外面，人员在棚内推车接近敌城墙时，可有效地抵御敌军矢石的伤害。

图 3–17　云梯车

2. 火车

火车是古代战争中用来焚烧敌人的城门、楼橹的战具。据曾公亮《武经总要》载，具体形状作两轮车形，车中置火炉，火炉上支架大釜或锅镬，里面贮存脂油。使用时，将锅中的油烧沸，推至敌军城门下，继续烧燃，并加以柴草，焚烧城门。如果敌军用水扑救，火势更旺。（见图 3–18）

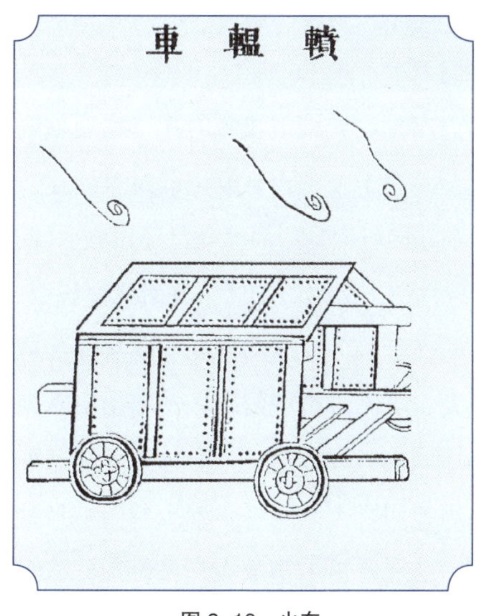

图 3–18　火车

3. 轒辒

轒辒是古代战争中掩蔽士卒攻城的战具。轒辒在春秋时期已经出现，《孙子兵法·谋攻》中已经提及。在两汉、魏晋的攻城战中，轒辒发挥过重要作用。曾公亮《武经总要》中记载了其具体形象。（见图 3–19）轒辒状如四轮或六轮车形，车厢呈方形，只有框架而不装底板，顶部呈两面坡形。外面蒙着生牛皮。车厢内可容数十人。攻城战争中，轒辒车可抵挡住敌方的利箭飞石。士卒凭借轒辒车的掩护，接近敌城。

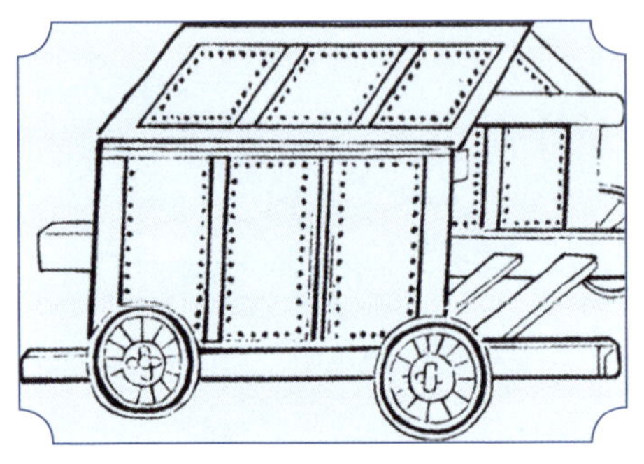

图 3–19 辒辒车

4. 吕公车

吕公车是古代一种巨型攻城战车，大约创制于元明时期，明末茅元仪所著《武备志》中载有其图（见图 3–20）。车高数丈，长数十丈，车内分上、下五层，每层有梯子可供上下，车中可载几百名武士，配有机弩毒矢、枪戟刀矛等兵器和破坏城墙设施的器械。进攻时，众人将车推到城脚，车顶可与城墙齐，兵士们通过天桥冲到城上与敌人拼杀，车下面用撞木等工具破坏城墙。史书记载，元至正十九年（1359 年），朱元璋部将常遇春曾使用吕公车等攻城器械进攻衙州；明天启元年（1621 年），四川彝族首领奢崇明叛乱，围攻成都，亦曾使用过吕公车。吕公车形体巨大，往往能给对方以威慑，但是，因其行动笨重，易受攻击，且受地形限制，所以实战效果并不理想。

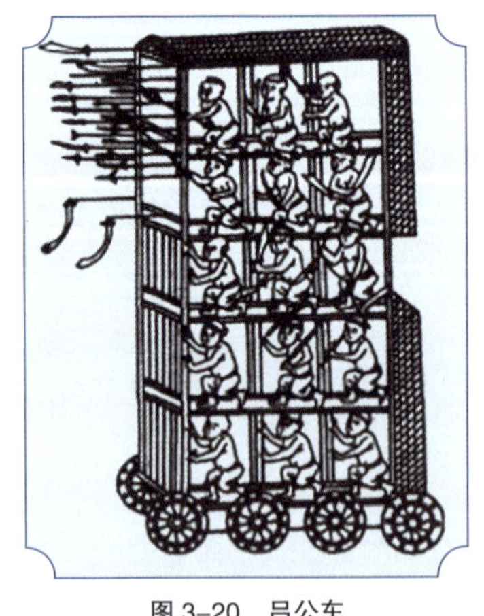

图 3–20 吕公车

5. 塞门刀车

塞门刀车是在城门被攻破时用于堵塞城的守城器械。《墨子 · 备穴》篇记载过其用途，可见至迟在战国时期塞门刀车就已经出现。《武经总要》载其图（见图 3–21），并附文字说明。塞门刀车是一种极为坚固的两轮车，车体与城门几乎等宽，可刚好将城门塞住；车前有木架四层，各层固定尖刀若干口，车体有长辕。如果敌人攻破城门，士兵就将车推至城门缺口处塞住城门，这样既可杀伤敌人，又可挡住敌方的箭矢飞石。

6. 铁蒺藜

铁蒺藜，俗称“扎马钉”，是中国古代一种铁质尖刺的撒布障碍物。《武经总要》载其图，并附文字说明。（见图 3–22）它有 4 根伸出的尖锐铁刺，每根长 5 ~ 6 厘米，放置在地上时，总有 3 个铁刺作为支点着地，1 个铁刺朝上，形体如草本植物蒺藜，故名“铁蒺藜”。作战时，将铁蒺藜布置在敌人必经之路上，可以刺伤敌军人马的脚部，迟滞敌军行动。有的铁蒺藜中心有孔，可用绳穿连，以便携带、布设和收取。铁蒺藜在战国时期就已经开始使用，秦汉以后使用更加广泛，成为军中常用的防御器具，布设在城池及部队营区四周。宋代以后，铁蒺藜种类逐渐增多，有布设在水中的“铁菱角”，有连缀在木板上的“地涩”，还有在刺上敷上毒药的“鬼箭”等等。在明代抗倭英雄戚继光的军队中，每名藤牌手、挨牌手“各带蒺藜十串，每串六个”[①]，以便于野战布营。

图 3–21　塞门刀车

7. 檑具

檑，古文献中又作“雷”，是古代的一种守城器械。当攻城方攀爬城墙时，守城方可以运用一切可以利用的器械居高临下打击敌人。其中用的最多的器械就是檑具。据《武经总要》记载，檑的种类很多，有木檑、泥檑、砖檑、车脚檑、夜叉檑（见图 3–23）等。其中以车脚檑和夜叉檑使用最为方便，杀伤力也较强。二者都是在城上建立一个绞车，檑

图 3–22　铁蒺藜、地涩

① （明）戚继光：《纪效新书》卷一《束伍篇 · 原束伍》，中华书局 1996 年版。

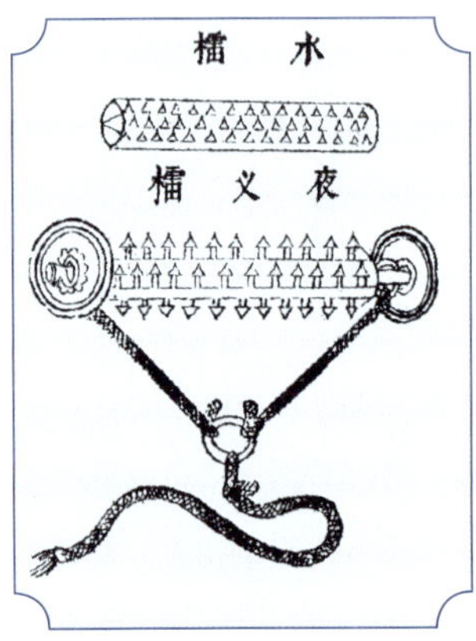

图 3-23　水檑、夜叉檑

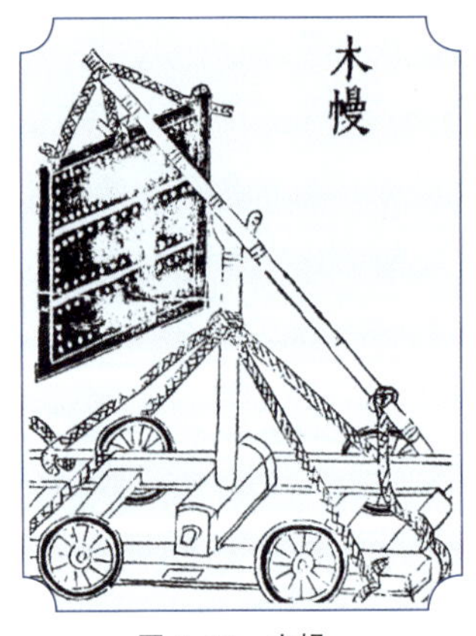

图 3-24　木幔

具用绳索和绞车相连接，投掷后可通过绞车收回。不同之处在于，车脚檑成车轮形状，而夜叉檑是在檑木两端装轮子，都尽力避免檑具和城墙摩擦产生阻力，以便将檑木迅速收回。

8. 幔

幔，简单来说就是巨大的盾牌。因为士兵在搭乘云梯等攻城器械时，没有盾牌等防御兵器，于是幔这种用来保护士兵的兵器应运而生。据《武经总要》载，幔有多种材质，木制的幔称“木幔”（见图 3–24），以麻绳密集编织而成的幔称为“布幔”。除此之外，还有竹子制作的“竹幔”。

木幔多用于攻城。使用时，将幔设置于台车上面，并且能够来回移动，发挥出盾牌的作用。为了防止被火箭纵火烧毁，在上面也会涂上泥巴来降低易燃性。布幔和竹幔多用于守城，一般配置在城墙上，用以遮挡攻城敌人射来的箭和石弹。布幔并不固定，只以木杆支撑，箭矢命中，其冲击力在幔的阻碍下大为降低，并改变方向，能有效保护幔后边的士兵。当火器出现以后，幔就失去了存在的意义。

六、侦察器械

历代兵家十分重视对敌情的侦察。他们深知，只有知己知彼，方能百战不殆。要想了解敌情，除了使用间谍、观察各种征候，特别是敌军所显示的各种迹象

等方式之外，也可以使用一些侦察器械来直接观察敌情。较为常用的侦察器械有巢车、地听等。

1. 巢车

巢车是古代战争中用于侦察瞭望敌情的器具。大约出现在春秋时期。《左传·成公十六年》记载，在晋楚鄢陵之战中，楚共王曾在晋国叛臣伯州犁的陪同下登上巢车（楼车）观望晋军阵营内的动静。东汉许慎《说文解字·车部》曾对巢车作过解释：“轈，兵高车加巢以望敌也。”由此可见，巢车在战争中使用很广泛。

图 3–25　巢车

从《武经总要》的附图（见图 3–25）看，巢车形制为一个装有八个车轮的木框，木框中树立有两根高高的木柱和一根横梁组成的木架。木架的横梁上安装有滑车，滑车上吊有一个木屋，木屋四壁开瞭望窗，外面蒙生牛皮。用绳索可将木屋高高升至架顶，哨兵可凭高瞭望观察敌情。如果发现守城敌人的薄弱之处，就可以有针对性地发起进攻。

2. 地听

地听，又称“瓮听”，是古代城防战时用于侦测声源目标方位的器材。《武经总要》中绘有“瓮听”图（见图 3–26）。地听最早应用于战国时期的城防战中。《墨子·备穴》载墨子曰：“适人为变，筑垣聚土非常者，若彭有水浊非常者，此穴土也，急堑城内，穴其土直之。穿井城内，五步一井，傅城足，高地，丈五尺，下地，得泉三尺而止。令陶者为罂，容四十斗以上，固顺之

图 3–26　瓮听

以薄輅革，置井中，使聪耳者伏罂而听之，审知穴之所在，凿穴迎之。”意思是说，当守城者发现敌军开掘地道时，就在内城墙下挖井，井中放置一口新缸，缸口蒙一层薄牛皮，令听力聪敏之人伏在缸上监听，根据敌人开凿地道发出的声响所激起缸体的共振来判断敌人所在的方位及掘进的速度，以便采取相应的防御和反击措施。据唐代李筌所撰《太白阴经》记载，夜间战斗时，令少睡者伏地枕在空葫芦上，也可以听到几十里外的人马脚步声。

七、火药与火器

火药是中国古代四大发明之一，也是中国人民对世界文明的一个伟大贡献。火药起源于中国古代的炼丹术。中国古代帝王热衷于祈求长生不老，四处寻求长生不老之术，在他们的推动下，炼制所谓长生不老之药的方术——炼丹术日渐发展起来。火药的主要成分为木炭、硝石、硫磺等，是炼丹术中常用的药物。炼丹家在炼丹的过程中发现，这些药料配合起来极易点燃，稍有不慎，就能猛烈燃烧甚至发生爆炸，所以称这些物质为“火药”。至迟到唐代，有确切文字记载的，含硝、硫、炭三种主要成分的火药已经在中国诞生。

大约在唐代末年，火药开始用于兵器制造并投入实践。在火药发明之前，军事家常以火攻敌，其做法是在弓箭箭头上绑一些像油脂之类的易燃物质，点燃后射向敌军，以烧伤敌人。但是这些东西燃烧慢，燃烧力也不大。而火药燃烧快，火力大，不易扑灭，因此很快代替油脂一类的燃烧材料而用于军事。唐哀宗天祐四年（907 年），郑王番率军攻打豫章（今江西南昌），“发机飞火”，烧毁该城的龙沙门。所谓“发机飞火”，就是将火药包装在抛石机上，点燃后抛掷出去打击敌人。这一战例一般被认为是用火药攻城的最早记载。

至宋金时期，由于战事的频繁，火药兵器迅速发展起来。北宋《武经总要》最早记录了“火炮火药法”“毒药烟球火药法”“蒺藜火球火药法”三种火药

兵器的配方。宋代火器品种多，门类齐全，大约可分为三类：第一类是燃烧性火器。它是利用火药的燃烧性能以灼烧敌人或燃烧、延烧敌物目标，同时兼具施放毒气、烟雾等以杀伤敌人的作用。这一类武器主要有火球、蒺藜火球、霹雳火球、烟球、毒药烟球、铁嘴火鹞、竹火鹞、火箭、火炮等（见图 3–27）。第二类是爆炸性火器。这是利用火药在封闭的容器内燃烧，产生强大的热量和气体，使容器爆炸而达到杀伤敌人的目的。当时战争中大量使用的爆炸性火器主要有霹雳炮、铁火炮、震天雷、火炮、火蒺藜等。第三类是火箭类火器。其方法就是在箭杆前端绑上火药筒，点燃后利用火药燃烧向后喷出的气体的反作用力把箭射出，这可算得上世界上最早的喷射火器。到了南宋初年，又开始出现管形火器，主要有火枪、铁火炮等。不过，当时的管形火器形状简陋，尚处于初创阶段。

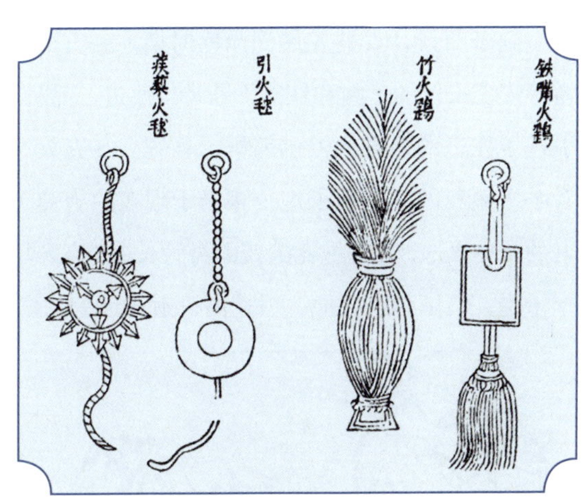

图 3–27　宋代火药器（宋·曾公亮《武经总要》插图）

元代的火器制造有了较大的发展，出现了金属类管状火器——火铳。其应用原理是将火药填装在管形金属器具内，利用火药点燃后产生的气体爆炸力弹射弹丸，在较远距离杀伤敌人。火铳采用金属制管，能耐较大膛压，可以填装较多的火药和较重的弹丸，威力大，使用寿命长，因此很快成为军队的重要兵器装备。①

① 参见杨泓、李力：《中国古兵二十讲》，第 289 ～ 290 页。

到了明代，火器发展到鼎盛时期。一方面，火铳、火炮、火箭、地雷、水雷等传统火器的形制和性能不断得以改进，品种繁多，制作精良①；另一方面，引进了先进的西方火器佛郎机、鸟铳、红夷大炮。佛郎机是明军从葡萄牙入侵者手中缴获的，是用子炮（相当于现在的炮弹）装入母炮（即炮管）内点火发射的一种火炮。其母炮比火铳的身管长，安有准星和照门等瞄准工具，配有5～9个子炮，装填弹药方便，射速高，射程远，杀伤威力较大，在16世纪很快被明军大规模仿制。佛郎机与后来外国传入和仿制的鸟铳、红夷大炮，一起成为明代中后期军队装备的主要火器。（见图3–28）随着火器的迅速发展，为了适应战争的需要，明政府还组织了专门的枪炮部队——神机营，其任务是主管操练火器及随驾护卫马队官兵。明中叶之后，在军队中还出现了步兵、骑兵与火器部队协同的新编制部队，戚继光的车营是其典型代表。

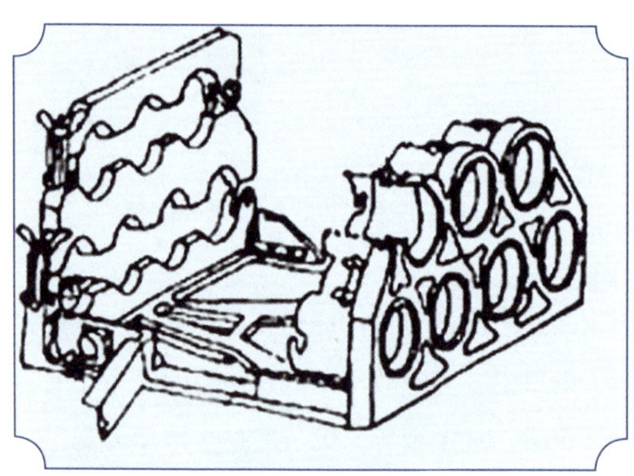

图3–28　明代集束火箭“窝蜂”模型图

图3–29　清代威远将军炮

清代前期的火器种类也不少，但主要盛行的是火炮和鸟枪。（见图3–29）自嘉

① 该图采自糜振玉主编：《中国军事学术史》，插页第13页。

庆以后，清朝统治日益腐败，经济衰退，科技停滞不前，统治者不重视武备，火器的发展渐趋停顿。到 19 世纪末 20 世纪初，我国古代火器被近代新式火器所取代，逐渐退出了战争历史舞台。[①]

① 参见杨泓、李力：《中国古兵二十讲》，第 297 页。

第四章 兵家

兵家，从狭义上理解，是先秦时期研究军事理论、从事军事活动的学派，是诸子百家之一。严格来说，诸子百家意义上的兵家在春秋战国以后基本就不存在了。人们通常所说的兵家，是广义上的兵家，主要由两类人组成：一类是指挥战争的军事家；另一类是总结战争经验、研究制胜规律的军事理论家，亦可称之为“兵学家”。这两类人有的是重合的，即一个人身具两个方面，既是军事指挥家，也是军事理论家，如先秦时期的孙武、孙膑、吴起，唐代的李靖，明代的戚继光等。也有的不重合，或为军事指挥家，或为兵学家。军事指挥家如战国时期的白起、廉颇、赵奢，秦汉的蒙恬、卫青，唐代的薛仁贵，蒙古的成吉思汗，宋代的杨业等，他们拥有卓越的军事指挥才能，有着丰富的作战经验，在一些重大的战役中起着至关重要的作用，但是缺乏对战争经验的总结，没有形成兵书；兵学家如唐代的李筌及宋代的许洞、何去非等人，都是没有实战经验的文人学士，但却有兵学著作传世，并对后世有着重要的影响。

我们这里所谈的兵家，主要指那些既有战争实践又有理论造诣者，兼及在战争史上出类拔萃的军事指挥家。

夏商周三代，随着私有制和国家的进一步发展，战争成为经常的社会现象。人们对战争问题有了初步的思考，出现了《军政》《军志》等早期兵书，也涌现出许多杰出的军事指挥家，如商王武丁的妻子妇好、商末周初的姜尚等。

春秋战国时期，战争连绵不断，规模与日俱增，不少有识之士开始总结战争方面的经验教训，研究制胜规律。当时诸侯国或为生存，或为争雄，也广泛延揽军事人才，从而为兵家提供了广阔的活动空间。一大批军事理论家和军事指导家应运而生，如司马穰苴、孙武、伍子胥、孙膑、吴起、尉缭、白起等，他们大多有兵学著作传世。

秦汉时期大规模农民战争、民族战争、统一战争的存在，推动了兵学的发展。虽然这一时期兵书问世不多，但在战争中却涌现出一大批杰出的军事将领，如项羽、韩信、周亚夫、卫青、霍去病、李广、赵充国、刘秀（汉光武帝）、邓禹、

冯异、马援等人。三国两晋南北朝时期的兵家人物中最著名的当属曹操和诸葛亮，由他们指挥的一些军事战例堪称经典。此外，他们还进行过兵学著述，只可惜多已亡佚。

隋唐是中国封建制度继续发展并达到繁荣昌盛的时期，同样也是战争频发的时期。这一阶段的战争主要包括隋初、唐初的统一战争和唐前期的民族战争、唐后期的藩镇叛乱，以及隋末、唐末的农民起义。在这些此起彼伏的战争中，涌现出众多的军事指挥家，如隋代的韩擒虎，唐代的李世民、李靖、郭子仪、李光弼等。作为《武经七书》之一的著名兵书《唐太宗李卫公问对》就是根据唐太宗李世民和大将李靖关于军事问题的问答编辑而成。唐代中期著名的道教思想家、军事理论家李筌虽然没有参加军事实践，却为后世留下了宝贵的军事著作《太白阴经》。

北宋初期奉行“崇文抑武”方略，文人多以言兵事为耻。宋仁宗时，辽与西夏对宋的严重威胁引起了宋代统治者对兵学的重视，社会上研究兵书的人逐渐增多，许多文人学士也开始大谈兵事。宋代谈兵的文人主要分三种类型：第一类是注释古代兵书典籍或进行兵书著述者，前者以王皙、何延锡等民间兵书注家为代表，后者以国子监司业朱服、武学博士何去非及官员曾公亮、丁度为代表，这类人可以称之为“兵学家”；第二类是热心于兵学研究的著名文人，如梅尧臣、苏洵、苏轼、辛弃疾、陈亮等，他们或对古代兵学典籍进行研究，或针对抗金斗争提出对策，从而丰富了宋代兵学内容；第三类是直接接触国防问题的朝中枢臣或边疆大吏，以范仲淹、王安石、沈括为代表。宋代著名的军事指挥家有狄青、杨业、曹彬、岳飞、韩世忠等。[①]蒙古、元时的军事家以成吉思汗为代表，他虽无兵学著述，却拥有高超的作战指挥艺术，其用兵之道，对后世影响较大。

明清时期是封建王朝由盛转衰的时期。这一时期的战争，不但有大规模的

① 参见刘庆：《“文人论兵”与宋代兵学的发展》，《社会科学家》1994 年第 5 期。

农民起义、民族战争、统治者平叛战争，还有反对外国侵略者的战争。在战争中有成就的将领不计其数，比较突出的有朱元璋、徐达、常遇春、戚继光、郑成功、努尔哈赤等。

下面我们择其影响较大者作一介绍。

一、姜 尚

姜尚（见图4–1），姓姜，名尚，字子牙，生卒年代不可考。相传其为炎帝之后，本为姜姓，因其先祖曾做过四岳之官，辅佐夏禹治理水土有功，被封在吕地，后世从其封姓，故又名吕尚。此外，文献中还称他为太公望、吕望、吕牙、太公。姜尚是商周之际著名的军事家、政治家、谋略家，因辅佐周武王灭商有功，受封于齐，是春秋战国时期最强大的封国之一——齐国的开国国君。

图4–1 姜尚像

姜尚出生时，家境已经败落。为维持生计，他在年轻时当过宰牛卖肉的屠夫，也做过卖酒的生意。不过姜尚家境虽贫，却胸怀大志，勤苦学习，始终不倦地研究、探讨治国兴邦之道，以期有朝一日能够大展宏图。传说姜尚曾在商朝当过官，因感商纣王暴虐无道，故辞官而去，来到渭水之滨的西周领地，栖身于磻溪，终日以垂钓为事，以静观世态的变化，待机出山。一日，姜尚在磻溪垂钓时，遇到至此游猎的西伯姬昌，也就是后来的周文王。姬昌求贤若渴，他见姜尚学识渊博，通晓历史和时势，便请他坐车同归，并说："吾太公望子久矣。"回宫之后，拜他为掌管军事的"太师"，尊号"太公望"。

姜尚辅佐周文王期间，为西周灭商制定了一系列正确的内外政策。对内，爱护民众，发展生产，训练兵马；对外，表面上对商纣王恭顺服从，暗中却争取邻国，拉拢商王朝的盟邦，以翦灭商之羽翼，孤立商王朝。在姜尚的积极谋划下，归附周文王的诸侯国和部落越来越多，出现了“天下三分，其二归周”的局面，为周武王灭商奠定了基础。

周文王死后，武王姬发继位，拜姜尚为国师，尊称“师尚父”。姜尚继续辅佐周国朝政，进一步削弱商的实力。武王九年（约前 1064 年），为探察在伐商时诸侯是否会云集响应，武王大会诸侯于孟津。八百诸侯不召自来。大会上，周武王举行了誓师仪式。这就是历史上有名的“孟津之誓”。这次盟会实际上是一次为灭商做准备的军事演习，在诸侯国间产生了强烈影响，使更多诸侯听命于周武王。

武王十一年（约前 1066 年），殷商王朝统治集团核心发生内讧，姜尚见时机成熟，就向武王提出伐纣建议。武王于是通告诸侯共同征伐。姜尚精选战车和士兵，组成伐纣大军。在行军途中，军队遭遇暴风骤雨，旗折鼓毁，群臣伐纣的决心一度动摇。姜子牙力排众议，坚持出兵。武王最终听从姜尚意见，统兵前进。大军到达朝歌郊外 35 公里处的牧野与各诸侯军会合。武王进行誓师后，对商发起进攻。姜尚率领少部精锐为先锋在前面挑战，武王率领大队人马攻击商纣王的军队。殷商军队崩叛瓦解，纣王见大势已去，自焚而死，殷商遂告灭亡。

姜尚的军事韬略对后世用兵产生了深远的影响。司马迁在《史记·齐太公世家》称中：“后世之言兵及周之阴权皆宗太公为本谋。”流传后世的兵书《六韬》（又称《太公兵法》）亦是后人托其名而作。由此可见姜尚在中国兵学史上的重要地位。

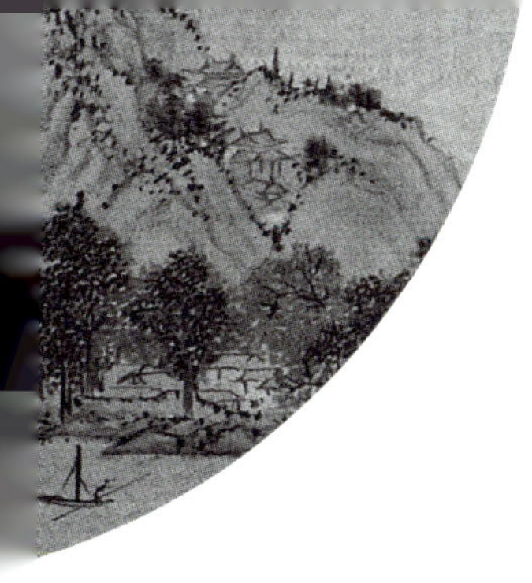

二、司马穰苴

司马穰苴，原名田穰苴，春秋末年齐国人，生卒年代不详。因其在齐景公时期担任过掌管军事的大司马，所以后人称他为“司马穰苴”。

司马穰苴同春秋末年的孙武一样，都是陈国公子完的后代。陈完因陈国发生内乱，惧祸奔齐，改姓田氏。司马穰苴是齐景公时期田氏家族的支庶。他素有大志，长于谋划，熟知兵法。公元前531年，晋国派军进攻齐国的阿城和甄城，燕国军队同时乘隙入侵齐国河上之地，齐国军队屡屡败退。齐景公为此深为忧虑。时任齐之相国的晏婴向齐景公推荐了司马穰苴。

齐景公召见司马穰苴，对他的军事才干十分赞赏，遂拜他为大将，派他率兵抗击晋、燕两国军队。司马穰苴向齐景公道出自己的担忧和请求：“臣素卑贱，君擢之闾伍之中，加之大夫之上，士卒未附，百姓不信，人微权轻，愿得君之宠臣，国之所尊，以监军，乃可。”[①]景公应允，派自己的宠臣庄贾出任监军一职。

司马穰苴同庄贾约好次日正午在营门会齐。第二天，司马穰苴早早驱车来到军营，让士兵安装好用于计时的木表和滴漏，等候庄贾的到来。但庄贾并没有按时到达军营，直到日暮时分，才姗姗来迟。司马穰苴按照军令，下令将庄贾斩首。庄贾慌忙派人向齐景公求救。报信之人尚未返回，庄贾已被斩首。景公使者持节来救庄贾，因救人心切，驾车直接驶入军营，向司马穰苴宣布景公赦免庄贾的命令。田穰苴明确表示“将在军，君令有所不受”。随后问身边的军法官：“驰三军法何？”军法官说：“当斩。”使者听到非常恐惧。司马穰苴表示，“君之使不可杀之”[②]，但军法不可不执行。于是斩杀车夫，砍去使者

① 《史记·司马穰苴列传》。
② 《史记·司马穰苴列传》。

乘车左边的辅木，又杀了左边挽轭车辆的马匹，向三军宣示，并派人向景公报告处罚结果。全军上下，无不畏服。

司马穰苴整饬军队之后，率师出征。进军途中，他亲自过问士卒的饮食、宿营、医药供给等具体事务，处处以身作则，与士卒同甘共苦，对于患病的士卒关怀备至，用最好的药予以治疗。这些关爱士卒的举措，使得他深受士卒拥戴。全军将士无不奋勇杀敌。晋、燕两国军队得知司马穰苴所率军队军纪严明、将士齐心，于是主动撤军。司马穰苴率军跟踪追击，很快收复了被燕、晋两国侵占的齐国城邑，光荣凯旋。景公亲自率群臣迎出郊外，晋升司马穰苴为掌管全国军事的大司马。此后，世人便称其为“司马穰苴”。

由于司马穰苴功勋卓著，又封官进爵，田氏家族的势力进一步壮大起来。这引起了卿大夫鲍氏、国氏、高氏的嫉妒。他们勾结起来，纷纷在齐景公面前诋毁司马穰苴，欲驱逐他以削弱田氏家族势力。齐景公听信谗言，罢免了司马穰苴的职务，将其逐出政治中枢。

司马穰苴无辜遭到贬斥，悲愤难抒，从此只得将自己的精力用于研究古代兵书，尤其是对西周流传下来的《司马兵法》进行深入研究，阐发其中的精妙哲理。同时，结合自己的作战经验，撰著个人的兵学著作，但可惜尚未集结成书，司马穰苴就因精神抑郁，导致身体每况愈下，很快发病而死。

战国时期，齐威王命人整理古代《司马兵法》，并将司马穰苴的军事理论附记于内，便形成了流传后世的《司马法》。《司马法》已经成为中国古代军事史上的宝贵遗产。

三、孙　武

孙武（见图 4–2），字长卿，春秋末年齐国人，中国著名的军事家、政治家，有兵书《孙子兵法》传世，后人尊称其为“孙子”“兵圣”“东方兵学的鼻祖”。

其生卒年代不详，大约与儒家创始人孔子同时或略晚。

图 4–2　孙子像

孙武的祖先本是陈国的公子完，因陈国发生内乱，惧祸奔齐，并改姓田氏。至孙武的祖父田书时，因战功卓著，齐景公将乐安赐给他作为采邑，并赐姓孙氏。孙武的父亲孙凭，在齐景公时任齐国的卿。孙武就是出生在这样一个祖辈都精通军事的世袭贵族家庭里。在孙武的少年时期，齐国公室同各大族之间以及各大族之间，正在进行着争权夺利的斗争。孙武担心祸及其身，于是离齐奔吴。

孙武来到吴国后，隐居在吴都西边的穹窿山，专心致力于兵法的研究和著述。大约在这一时期，孙武与从楚国避难至吴的伍子胥相识，并且因为共同的不幸遭遇而互引为知己。后来，吴国公子光在伍子胥的精心策划下，利用勇士专诸刺杀吴王僚而自立，是为吴王阖闾。伍子胥因此受到重用。吴王阖闾图谋霸业，苦无良将。伍子胥将孙武举荐给吴王。孙武以《兵法》十三篇见吴王阖闾，吴王阅读后，深为叹服。接下来，他让孙武在吴宫后花园试以训练宫女，宫女不听命令，孙武便依令斩杀两名队长，即吴王的两位宠妃，宫女们惊恐不已，再也不敢不听号令了。原本松散的队伍很快变成了一支严守纪律的队伍。通过吴宫教战实地考验后，孙武取得吴王的赏识与信任，被任命为将，委之以军国大事。

孙武为将后，经常与吴王讨论军国大事。山东临沂银雀山汉墓竹简《吴问》篇记载了孙武与吴王关于晋国范、中行、知、韩、魏、赵氏六卿“孰先亡”的问对，孙武根据六卿实行的田亩制度的大小及赋税政策的轻重，预言范、中行、知三氏会先灭亡，而赵氏最终将统治晋国。

孙武与伍子胥共同辅佐吴王，为吴国的兼并战争立下了卓越的战功。公元

前512年，吴国攻克了楚的属国钟吾国、舒国。吴王准备攻楚，孙武以“民劳，未可”的理由加以劝阻。伍子胥则提出疲楚之计。阖闾采纳其建议，派兵反复袭扰楚国达六年之久，使楚军疲于奔命，为大举攻楚创造了条件。

公元前506年冬，吴王以孙武、伍子胥为将，倾全国3万水陆之师，联合唐、蔡两国，出兵伐楚。孙武采取“迂回奔袭、出奇制胜”的战法，溯淮河西上。进抵淮汭后，孙武舍舟登陆，由向西改为向南，迅速穿过楚国北部大隧、直辕、冥阨三道险关，挺进到汉水东岸，深入楚国腹地。楚军统帅囊瓦贪功冒进，擅自率主力渡汉水向吴军进攻。鉴于楚军气势正盛，孙武顺势采取诱敌、误敌的策略，率吴军由汉水东岸后退。囊瓦以为吴军怯战，率军急速追击。在小别（山名，在今湖北汉川东南）至大别（今湖北境大别山脉）间，吴、楚军队进行了三次交锋，楚军三战皆不利，大败而逃。

吴军紧追不舍，追至柏举西南的清发水时，楚军急于求生，争相渡河。吴军先锋夫概采用孙武“半渡而击”的战法，大败楚军。侥幸过河的楚军逃窜至雍澨时准备埋锅造饭。吴军再次追来，楚军仓皇逃走。在孙武和伍子胥的直接指挥下，经过五次大战，吴军最终攻入了楚国都城郢。楚昭王不顾大臣们的反对，弃城而逃。

这就是中国历史上有名的柏举之战。在这次战争中，孙武指挥吴军以3万兵力对抗楚军20万大军，五战五捷，大败楚国，使吴国声威大震。孙武的“避实击虚”“兵闻拙速”“半渡而击”“示形动敌”等战略战术思想，在这次战役中得到了充分的展示。

柏举之战后，孙武继续辅佐阖闾，与越、齐、晋等国争夺霸主地位。对于孙武在这些争霸战争中的作用，司马迁在《史记·孙子吴起列传》中写道，吴国“西破强楚，入郢，北威齐晋。显名诸侯，孙子与有力焉”。

由于史料记载的缺略，对于孙武的结局历来说法不一。很可能是吴王夫差骄奢淫逸，心存猜忌，轻于杀伐，重用奸佞，诬陷忠良，大臣们纷纷引退。面

对腐败的政局，孙武主动辞官引退，归隐山林，修缮兵法。孙武死后，就葬在吴都郊外。据东汉袁康《越绝书·外传记吴地传》载："巫门外大冢，吴王客、齐孙武冢也。去县十里，善为兵法。"经学者认定，今苏州相城区元和镇虎啸村孙墩浜即《越绝书》记载的孙武冢。

四、吴 起

吴起（约前 440 ～前 381 年），是战国初期著名军事家、政治家，有《吴子兵法》一书传世。卫国左氏（今山东定陶西）人。（见图 4–3）吴起从青少年时期起，就怀有远大抱负，渴望成就功名。为了实现自己的抱负，他不惜花费千金，四处游历，奔走于诸侯之间，却处处碰壁。后因杀人逃离卫国。临行前，他与母亲诀别，发誓不登卿相之位，绝不还乡。

离开卫国后，吴起先来到鲁国，跟从曾申学习儒学。不久，他的母亲在卫国去世。按照礼仪传统，他应该回家奔丧，以尽孝道，但吴起没有回去。曾申鄙视他的为人，遂与他断绝了师生关系。

图 4–3　吴起像

吴起离开曾申后，转学兵法。不久，齐军攻鲁。鲁穆公想任命吴起为将，但因为吴起的妻子是齐国人，担心他在作战时会回护齐军，所以犹豫不定。吴起为了取得穆公的信任，不惜杀了自己的妻子，以表明心迹。鲁穆公于是任命他为将军，率领军队与齐国作战。吴起率领鲁军以弱击强，大破齐军。吴起作战的胜利引起了一些鲁国佞臣的嫉妒，他们在鲁穆公面前进献谗言，诽谤吴起，导致鲁穆公失去对吴起的信任。吴起遂去鲁至魏。

来到魏国后，吴起与魏文侯谈论兵法，深得文侯赏识，被委任为将。公元前409年，吴起率魏军攻秦，攻取秦国黄河西岸地区。接着，他又随名将乐羊攻打中山国，三年后中山国灭亡。公元前406年，其被任命为西河郡守，抗拒秦、韩。

镇守西河期间，吴起对部队进行严格训练，并创立“武卒制”，规定所有的士兵都必须接受严格的军事考核，一旦通过考核，可入选为武卒，武卒可以享受免除全家徭役的待遇，甚至出色者可以被提拔为中下级军官。武卒经过吴起的严格训练，成为魏国的精锐之师。吴起担任西河郡守期间，率兵南征北战，与诸侯作战数十次，为魏国夺取土地千里，战绩卓著。魏武侯主政不久，吴起遭到魏相公叔痤排挤，被逼离开魏国，前往楚国。

楚悼王早就知道吴起富有政治才干，善于用兵，于是任命他担任宛城（今河南南阳）太守，一年后又起用他担任楚国令尹（相当于宰相），掌握军政大权。吴起任令尹后，积极辅佐楚悼王变法改革。他制订了一系列变法措施，如明法审令，废除世卿世禄制，精简机构，裁汰冗官，奖励耕战，扩充军备等。吴起的变法收到了显著的效果。楚国国力日益强大，在对外战争中取得了“南平百越，北并陈蔡，却三晋，西伐秦”[①]的重大成就，一跃成为当时屈指可数的头等强国。

然而，吴起的变法触动和损害了楚国旧贵族的利益，从而招致了他们的怨恨，为自己埋下了杀身之祸。公元前381年，楚悼王去世。旧贵族趁机发动武装叛乱，攻打吴起。吴起跑到楚悼王停尸的地方，伏在悼王尸体上。贵族们在射杀吴起的同时也射中了楚悼王的尸体。楚国法律规定，伤害国王的尸体属于重罪，将被诛灭三族。楚肃王继位后，命令尹杀了所有因射杀吴起而同时射中悼王尸体的人，牵连被灭族的有70多家。吴起的尸身也被处以车裂肢解之刑。吴起死后，他在楚国的变法宣告失败。

---

① 《史记·孙子吴起列传》。

五、孙 膑

孙膑（见图 4–4）是战国时期著名的军事家，著有《孙膑兵法》传世。按照司马迁在《史记·吴起孙子列传》中的说法，孙膑出生于山东境内的东阿、鄄城之间，也是齐国人，是孙武的后人。其原名不详，因受过膑刑，故名孙膑。其生卒年难考，大约与孟子同时。

孙膑早年曾与庞涓一起师从鬼谷子学习兵法。后来庞涓出仕魏国，担任了魏惠王的将军。庞涓自感才智不及孙膑，担心日后孙膑下山入仕会对自己构成威胁，于是将孙膑诓骗到魏国，之后又设计陷害他，对其施以膑刑和墨刑。后来，孙膑在齐国使者淳于髡的帮助下，逃离魏国，投奔齐国，成为齐国大将田忌的门客。后来，孙膑帮助田忌在与威王的赛马中取胜，才智得以初步显露。田忌将他推荐给齐威王，威王召见孙膑，并拜其为军师，让他为齐国出谋划策。

图 4–4　孙膑像

孙膑一生的主要功绩是辅佐大将田忌，两次击败庞涓率领的魏军，取得了桂陵之战和马陵之战的胜利。

公元前 354 年，魏国派兵攻打赵国，包围了赵国都城邯郸。赵国求救于齐。齐威王派田忌为统帅，孙膑为军师，率兵援赵。田忌本想挥师直入赵国，与赵内外夹击，以解邯郸之危。孙膑否定了这一战略决策，提出了“批亢捣虚”的策略，认为目前魏国正全力进攻赵国，精锐部队全部出国作战，国内必然空虚。不如直接进攻魏国都城大梁，魏军必定回师自救。这样，既解了赵国之围，又打击了魏国。田忌接受这一建议，向魏国腹地进军。为了实现围魏救赵的策略，孙膑采取

了一系列行动来迷惑庞涓。他先是派兵佯攻平陵，还故意派不懂军事的齐城、高唐两邑大夫出战，从而麻痹庞涓，使庞涓深信齐军指挥无能，放松了对齐军的警惕，集中全力进攻邯郸。在邯郸被魏军攻破后，为了迫使庞涓回师，孙膑又派部分轻兵锐卒直扑大梁，而暗地将主力埋伏在桂陵。庞涓听说大梁被围，不顾疲劳，丢下辎重，率军昼夜兼程回救，在桂陵与齐军遭遇。齐军以逸待劳，大破魏军。

桂陵战后的十三年（前 341 年），魏惠王又派庞涓率军进攻韩国，企图一举灭韩，韩国向齐国告急。齐威王任命田忌为将，孙膑为军师，率兵救韩。孙膑再次使用“围魏救赵”的策略，率军直扑魏国都城大梁。魏惠王命庞涓撤回围韩之军，命太子申为上将军，庞涓为将军，率领 10 万军队主动迎击齐军。孙膑认为魏军悍勇，不可贸然决战，可利用魏军向来轻视齐军和庞涓求胜心切的弱点，以退兵减灶之计引诱魏军追击，再出其不意地攻击，设伏聚歼魏军。田忌采纳了这一建议。齐军依孙膑之计行事，未与魏军接触就主动后撤，并以“减灶”之策诱敌。庞涓见齐军逐日减灶，误以为齐军士气低落，逃亡严重，即丢下步兵，以轻车锐骑兼程追击。齐军退至树木茂密、道狭地险的马陵（今河南范县西南）。孙膑计算行程，判断魏军将于天傍黑后追至马陵，于是选择万名善射的弓箭手埋伏于道路两侧。果然如孙膑所料，庞涓率魏军天黑后到达马陵，进入孙膑设伏地域。齐军万箭齐发，伏兵四起。魏军受到突然袭击，惊慌失措，顿时溃不成军。庞涓愤愧自杀。齐军乘胜进攻，俘虏了魏军统帅太子申，歼灭魏军 10 万余人。马陵之战是中国战争史上设伏歼敌的著名战例。

马陵之战后，孙膑的具体情况史书无载。不过，在马陵之战后田忌遭宰相邹忌的陷害，被迫流亡楚国，作为田忌重要谋士的孙膑很可能也随之远走楚国。后来，齐宣王即位后，孙膑可能又跟随田忌返回齐国，继续为齐国的发展出谋划策。至于孙膑是如何去世的，已无从得知。

六、白　起

白起（？～前 257 年），嬴姓，白氏，名起，其先祖为秦国公族，故又称“公孙起”，战国时期秦国郿县（今陕西眉县）人，是中国古代著名的将领、军事家。（见图 4–5）

图 4–5　白起像

白起一生征战无数，屡战屡胜，大大推动了秦统一六国的进程。秦昭王十三年（前 294 年），白起担任左庶长，领兵攻打韩国新城。次年，由相国魏冉推荐，白起被提拔为左更，率兵攻打韩、魏联军。双方在伊阙形成对峙。当时秦军兵力不及韩、魏联军的一半。白起针对韩、魏两军互相观望、不愿先行出击的弱点，决定采取避实击虚、各个击破的作战策略。他先设少量疑兵同韩军对阵，牵制住韩军主力；同时将秦军主力绕至韩、魏联军后方，乘魏军不备时，突然向魏军发起攻击。魏军毫无防备，仓促应战，迅即惨败。韩军得知魏军被击溃的消息，军心不稳，且侧翼已经暴露，遭到秦军两面夹击，很快就溃败。白起乘胜挥师追击，全歼韩、魏联军 24 万人，俘魏将公孙喜，攻占伊阙及五座城池。白起因功升任国尉。

伊阙之战后，自秦昭王十五年（前 292 年）至二十九年（前 278 年），白起先后率兵攻打魏国、赵国、韩国、楚国，歼敌无数，大大扩展了秦国的疆土。在占领楚国都城郢以后，白起被封为武安君，名震天下。

白起一生所指挥的战役中影响最大的当属长平之战。秦昭王四十五年（前 262 年），白起攻占韩国野王（今河南沁阳），上党郡通往都城的道路被切断。

韩王命上党郡守冯亭把上党献给秦国，以求秦国息兵。冯亭不愿降秦，决定把上党郡 17 县献给赵国。赵国一面派人接收上党，一面派廉颇率军驻守长平，防备秦国进攻。秦昭王四十七年（前 260 年），秦国派大将王龁攻韩，夺取上党，然后攻赵。廉颇固守营垒，采取防御态势与秦军对峙，秦军屡次挑战，赵兵坚守不出，双方相持三年之久。赵王多次指责廉颇不与秦军交战，加之秦国又派人到赵国实施离间计，于是赵王派赵括取代廉颇。秦得知消息后暗中派武安君白起担任上将军，赴前线领军。

白起先派一支军队前去诱敌，在赵括发动进攻时，佯败而走，同时从侧翼派出两支奇兵逼近赵军。赵括率军紧追秦军，直到秦军营垒，但是秦军营垒固若金汤，强攻不入。而此时秦军的两支奇兵，一支已经切断了赵军的后路，另一支楔入赵军先头部队和主力之间，断绝了它们的联系，运粮通道也被堵住。这时秦军派出轻装精兵实施攻击，赵军交战失利，就构筑壁垒，顽强固守，等待援兵的到来。秦王征调 15 岁以上的青壮年全部集中到长平战场，拦截赵国的救兵，断绝他们的粮食。赵国士兵断绝口粮 40 多天后，打算突围而逃，但轮番进攻了四五次，都不能破围而出。最后，赵括被射死，赵军 40 万人向白起投降。白起担心赵军不是真心降服，于是把赵国降兵全部活埋。

公元前 257 年，秦王欲以白起为将攻邯郸，白起认为不可，并以生病为由，拒绝任将，这触怒了秦昭王。秦昭王将其贬为士伍，迁居阴密。白起行至距咸阳西 10 里的杜邮时，遭秦王逼迫而自杀。

白起一生征战沙场 30 余年，指挥大小战役 70 余次，为秦国统一大业的进程做出了突出的贡献。他一生战功显赫，没有败绩，司马迁称赞他“料敌合变，出奇无穷，声震天下”[①]。

① 《史记·白起王翦列传》。

七、韩 信

图 4–6　韩信像

韩信（？～前196年），淮阴（今江苏淮安）人，西汉开国功臣，汉初三杰之一，也是中国历史上杰出的军事家、战略家。（见图4–6）

韩信少时孤苦，却勤奋读书，熟谙兵法，胸怀大志。秦末农民起义爆发后，楚地起义军首领项梁率众渡过淮河北上。韩信投奔项梁，却没有得到重用。项梁兵败身亡后，韩信又归属项羽，担任郎中一职。韩信多次向项羽献计献策，都没有被采纳。

汉王刘邦入蜀后，韩信逃离楚军归顺了刘邦，但依然没有受到重视，经夏侯婴推荐，刘邦只授予他一个治粟都尉的官职。后来，刘邦率军去南郑，途中有很多将士逃跑了，韩信见自己不受重用，于是不辞而别，逃离汉营。萧何深知韩信才能，听说韩信逃走，急忙将其追回。萧何极力向刘邦推荐韩信，并说："必欲争天下，非信无所与计事者。"于是，刘邦拜韩信为大将。韩信对刘邦分析了楚汉双方的形势，在此基础上了提出了任用贤将、论功行赏、取天下之心的措施和夺取关中、还定三秦的战略目标。刘邦采纳了韩信的建议，立即部署诸将准备出击。

在楚汉战争中，韩信展现出了卓越的军事才能。汉高祖二年（前205年）四月，刘邦兵败彭城，韩信迅速收集残兵败将与刘邦在荥阳会师，阻挡了楚军的攻势，使汉军得以重振旗鼓。同年八月，刘邦派韩信率兵伐魏，其以声东击西之计，率汉军渡过黄河，奇袭魏国重镇安邑，俘虏了魏王豹，平定了魏国。

随后，刘邦派韩信和张耳进攻代、赵。汉军很快便平定代地，活捉代相夏

说。汉高祖三年（前 204 年）十月（汉初承秦制，以十月为岁首），韩信、张耳统兵欲过太行山井陉口进攻赵国。赵王陈兵 20 万在井陉口抗击汉军。当时韩信军不足 3 万人。韩信一面派轻骑 2000 人由偏僻小路迂回到赵军大营侧翼的山坡上潜伏下来，伺机偷袭赵营，一面以主力万人背水列阵，引诱赵军主力出击。等赵军倾巢而出追击汉军时，潜伏的2000骑兵立刻冲入赵军营垒，换上汉军旗帜，并与汉军主力两面夹攻，大破赵军，活捉赵王歇。之后，韩信听从李左车的建议，按甲休兵，镇赵安民，摆出攻燕的态势，同时又派使者游说燕国，燕国不伐而降。

汉高祖四年（前 203 年）十月，韩信引兵攻齐，未到平原渡口，得知郦食其已说齐归汉。韩信趁齐国戒备松懈之际，袭击齐驻守历下的军队，攻下临淄。项羽闻讯派遣大将龙且率军援齐，楚、齐联军20余万与汉军数万对峙于潍水两岸。韩信派人连夜做了 1 万多条袋子，盛满沙土，壅塞潍河上流。然后率军半渡攻击龙且军，佯装败走。龙且误以为韩信怯弱，于是率军渡江进击。这时，韩信命人决开壅塞潍河的沙袋，水淹龙且军。韩信率军反击，大败楚军，龙且被杀。很快齐地全部平定。不久，刘邦遣张良立韩信为齐王。汉高祖五年（前 202 年）十月，刘邦命韩信会师垓下，围歼楚军，项羽兵败自刎而死。

楚汉战争结束后，韩信先是被解除兵权，徙为楚王。不久，又以谋反的罪名被贬为淮阴侯。汉高祖十一年（前 196 年），代相陈豨谋反，韩信意欲谋反，结果为人告发。吕后与萧何合谋，伪称高帝平定陈豨之乱班师回朝，将韩信骗入长乐宫中，斩于钟室，夷其三族。

韩信不仅拥有高超的军事指挥才能，在兵书整理、著述方面也有突出的成就。《汉书·艺文志》载，高祖命“张良、韩信序次兵法，凡百八十二家，删取要用，定著三十五家”，这是我国历史上第一次大规模的兵书整理。韩信还著有《韩信》兵法三章，可惜未得流传。司马光《资治通鉴·汉纪四》还记载：“萧何次律、令，韩信申军法。”总之，韩信在中国兵学文化传承方面的贡献是不容忽视的。

八、卫　青

卫青（？～前106年），字仲卿，河东平阳（今山西临汾）人，西汉武帝时期战功卓著的名将。

卫青出身低微。其父郑季以县中小吏的身份在平阳侯家供事，与平阳侯的小妾卫媪私通，生下了卫青。卫青自幼由父亲抚养，年少时曾经牧羊，父亲嫡妻的儿子不以兄弟相待，把他看作奴隶。

卫青长大后，当了平阳侯家的骑侍，时常跟随平阳公主。后来他的姐姐卫子夫得到汉武帝宠幸，卫青也因此被任命为建章监，加侍中官衔。卫子夫成为夫人后，卫青升为太中大夫。

此时的汉武帝正在积极从事于反击匈奴的准备。匈奴是中国北方的一个强大的游牧民族，秦汉时期不断南下侵扰，严重威胁北方边境的安宁。由于干戈方息，实力不逮，西汉前期对匈奴不得不采取守势，消极防御，力求以和亲方式维持边境和平。随着国力的增强，汉武帝继位后，对匈奴的战略也由消极防御转为反攻。

元光六年（前129年），匈奴兴兵南下，直指上谷（今河北怀来）。汉武帝果断地任命卫青为车骑将军，迎击匈奴。自此，卫青开始了他的军事生涯。这次用兵，汉武帝分派四路大军出击：车骑将军卫青从上谷出兵，骠骑将军公孙敖从代郡（今河北蔚县东北）出兵，轻车将军公孙贺从云中（今内蒙古托克托东北）出兵，骁骑将军李广从雁门（今山西右玉）出兵。各路将军分别统领万名骑兵。卫青虽是首次出征，但他英勇善战，直捣龙城（匈奴祭祀天地祖先的地方），斩敌数百，取得了胜利。另外三路，两路失败，一路无功而返。于是，汉武帝加封卫青为关内侯。

元朔元年（前128年）秋，卫青当车骑将军，从雁门出境，率领3万骑兵

攻打匈奴，斩杀敌人几千人。

元朔二年（前127年），匈奴进攻上谷、渔阳（今北京密云西南），杀辽西太守。汉武帝一面命令将军李息从代郡出兵，一面派卫青引兵北上，出云中，沿黄河西进。卫青率军绕至匈奴军的后方，迅速攻占军事要塞高阙，切断匈奴楼烦王、白羊王所部与单于王庭间的联系。然后又率精骑飞兵南下，直到陇西，形成对白羊王、楼烦王所部的战略包围。匈奴白羊王、楼烦王见势不好，仓皇率兵逃走。汉军活捉敌军数千人，夺取牲畜数十万头，全部收复河南地[①]。卫青因功被封为长平侯，食邑 3800 户。

匈奴贵族不甘心丧失河南地，连年出兵袭扰西汉北部边境。元朔五年（前124 年）春，汉武帝命令军队 10 余万人分三路出击匈奴：卫青率 3 万骑兵从高阙（今内蒙古乌拉特后旗东南）出兵；苏建、李沮、公孙贺、李蔡受卫青的节制，从朔方（今内蒙古杭锦旗北）出兵；李息、张次公率兵从右北平（今河北平泉）出发。匈奴右贤王认为汉军离得很远，一时不可能到达这里，就放松了警惕。卫青率军长途奔袭，急行军数百里，趁黑夜包围了右贤王的营帐。右贤王惊慌失措，率数百骑突围逃走。汉军追击数百里，捕获了右贤王的小王 10 多人，民众 15000 余人，牲畜千百万头。汉武帝奖励卫青的军功，拜其为大将军，加封食邑 8700 户，所有将领归他指挥。

元朔六年（前 123 年）二至四月，卫青又两度率骑兵出定襄（今内蒙古和林格尔西北）出击匈奴，前后歼灭匈奴军队 1 万多人。

为了彻底击溃匈奴主力，元狩四年（前 119 年）春，汉武帝任命大将军卫青、骠骑将军霍去病各率 5 万精兵，分别出定襄和代郡，沿东、西两路北进，决心在漠北与匈奴进行会战。卫青率军北行 1000 多里，横越大沙漠，寻歼单于本部。不久，与严阵以待的匈奴单于的军队相遇。卫青命部队用武刚车排成环形营垒，

① 河南地，古地区名，秦汉时期称今内蒙古河套以南为“河南”。

以防匈奴兵袭击，又派5000骑兵纵马奔驰，抵挡匈奴。匈奴出动万余骑兵迎战。双方鏖战至黄昏时分，忽然狂风暴起，沙砾扑面，两方军队互相不能分辨。卫青乘势分轻骑从左右迂回包抄。单于见汉军人多势众，自度无法取胜，遂带数百精骑突围，向西北逃遁。卫青派轻骑连夜追击。这次战役虽然没有捕获单于，却斩杀和俘虏匈奴官兵19000多人。卫青大军一直挺进到寘颜山的赵信城，尽烧其城和匈奴积粟而还。霍去病率领的东路军，北进与匈奴左贤王激战，歼灭匈奴兵7万多人。这次战役，汉军打垮了匈奴的主力，基本上解除了匈奴对汉朝的军事威胁。武帝为表彰卫青、霍去病的大功，特加封二人为大司马。（见图4–7）

图4–7　胡汉战争图（山东邹城汉画像石）

元封五年（前106年），卫青去世。为表彰其功绩，汉武帝命人将其陵墓修在自己的陵墓茂陵东边，谥号为“烈”。

卫青征战一生，先后七次率兵出击匈奴，未尝败绩。他的军功保证了西汉北部边境的和平安定，促成了汉帝国的强盛和扩张。唐代诗人耿涛的诗句“谁道古来多简册，功臣唯有卫将军”，就是对卫青不朽功绩的赞颂。

九、曹　操

曹操（155～220年），字孟德，小字阿瞒，沛国谯（今安徽亳州）人，是东汉末年著名政治家、军事家、文学家。他出身官宦家庭，自幼机灵聪明，遇

事随机应变，喜欢读书，尤其喜欢兵法。东汉末年著名的人物评论家许劭曾评价他为“清平之奸贼，乱世之英雄”[1]。

熹平三年（174年），曹操以孝廉推举为郎，出任洛阳北都尉。历任顿丘令、济南相、东郡太守。中平五年（188年）入朝任典军校尉，因反对董卓专权，又逃回乡里，集结义兵，与各路军马组成反董同盟，推举家世显赫的袁绍为盟主，西讨董卓。义军失败后，曹操转入兖州，镇压黄巾军，历经苦战，获降卒30余万，人口100余万。曹操收其精锐，组成军队，号“青州兵”。这为他后来逐鹿中原奠定了基础。

图 4-8　曹操挟天子以令诸侯

建安元年（196年），曹操接受谋士荀彧、程昱的建议，迎接汉献帝至许昌，取得了“挟天子以令诸侯”的政治优势（见图4-8）。其后，曹操以献帝名义东征西讨，开始了他翦灭群雄、统一北方的战争。

曹操采用拉拢分化、各个击破的办法，先后剪灭吕布、袁术，收降张绣，击破刘备，控制了黄河以南的兖州、豫州和徐州，向南延伸到荆州北部。建安五年（200年）又与袁绍大军会战于官渡（今河南中牟东北）。大战初期，曹操以声东击西之计，在白马击斩袁绍大将颜良，大败袁军。袁绍初战失利，锐气受挫，改分兵进击为结营紧逼。两军对垒于官渡，相持数月。在战争陷入僵局之时，曹操果断采用降将许攸之计，亲率5000骑兵偷袭乌巢，焚烧了袁军粮草辎重，袁军见军粮被烧，

① 《后汉书·许劭传》，中华书局1965年版。

军心大乱，曹军遂乘势出击，大败袁绍。官渡之战奠定了曹操在北方的霸主地位。

官渡之战后，曹操用数年时间稳定北方和追击袁绍残余势力。建安十三年（208 年）六月，曹操被任命为丞相。同年，曹操亲率大军南征刘表，刘表病死后，其子刘琮出降曹操。曹操占领荆州，乘势东伐孙权。原依附于刘表的刘备被曹军重创之后，被迫转往夏口。孙权接受鲁肃、周瑜的主张，与刘备结成联盟，共同抗曹。曹军不擅水战，加上水土不服，疾疫流行，未能取得战争的主动权。孙、刘联军在赤壁火烧曹军战船，曹军大败。从此曹操无力大举南征。

建安十六年（211 年），马超、韩遂等人在关中联袂反叛。曹操亲统大军进抵潼关（今陕西潼关），两军夹关对峙。曹操派军从正面佯攻潼关，诱使关中军集中于潼关，暗中派徐晃等率兵从蒲坂津乘虚渡过黄河，据河西为营。之后，曹操挥师至渭水北岸，设疑兵掩护架浮桥，乘夜分兵至渭水南结营。马超等分兵偷袭曹营，为曹操预设的伏兵击败。马超受挫后，集中主力防守，并割地请和，被曹操拒绝。马超前来挑战，曹军坚守不战。马超等欲战不成，再次求和。曹操采纳谋士贾诩之计，假意应允，然后设计离间马超和韩遂。待马超、韩遂相互猜忌、矛盾激化之时，曹军迅速发起进攻，大败马超、韩遂。马超、韩遂败退西走，逃亡凉州，关中遂为曹操所占。建安二十年（215 年），曹操率军征讨汉中张鲁，张鲁战败，不久降曹，整个北方实现统一。次年，汉献帝册封曹操为魏王。建安二十五年（220 年），曹操去世。

曹操不仅是一位出色的军事指挥家，在军事理论方面也建树颇丰。《三国志·魏书·武帝纪》裴松之注称曹操“自作兵书十万余言，诸将征伐，皆以新书从事”。从文献资料的载录来看，曹操的兵学著作主要有《兵书接要》《魏武帝兵法》《太公阴谋解》《司马法注》《续孙子兵法》《孙子略解》，可惜大都已失传，只有他所注释的《孙武兵法》十三篇，完整保存下来并流传至今。

十、诸葛亮

图 4-9 诸葛亮像

诸葛亮（181 ～ 234 年），字孔明，号卧龙，琅琊阳都(今山东沂水)人，三国时期著名的兵学家、政治家，也是一位具有传奇色彩的人物。(见图 4-9) 诸葛亮出身于官宦世家，其先祖诸葛丰曾在西汉元帝时期担任司隶校尉，父亲诸葛珪曾任泰山郡郡丞。诸葛亮幼年时，父母去世，由叔父诸葛玄抚养成人。后来，诸葛玄被袁术委任为豫章太守。袁术战败死后，东汉朝廷派人取代了诸葛玄职务，诸葛玄投奔荆州刘表。诸葛亮亦随其至荆州，隐居于南阳隆中，在此刻苦攻读，结交名士。

此时刘备亦依附于刘表，屯兵新野，苦于无得力之人辅佐。经徐庶推荐，刘备三顾茅庐，拜访诸葛亮。诸葛亮被刘备的诚意感动，答应出山辅佐刘备，并向刘备分析了天下大势，建议刘备联吴抗曹，同时取荆州建立根据地，再取益州，与魏、吴形成鼎足之势，继而图取中原。这就是著名的《隆中对》。

建安十三年（208 年），曹操率军南下，准备攻打荆州，吞并江东。刘备遭曹军打击，被迫撤往夏口。形势危急之下，诸葛亮征得刘备同意，前往江东，说服孙权与刘备联合，共同抵御曹军。孙、刘联军在赤壁（今湖北赤壁境内）采用火攻，大败曹军。赤壁之战后，诸葛亮辅佐刘备取得荆州大部分地区，接着又利用益州牧刘璋借兵的机会，进军益州。建安十九年（214 年），诸葛亮率军从荆州溯江入蜀，与刘备一起围攻成都，刘璋被迫献城投降，刘备占领了整个益州。建安二十六年（221 年），刘备称帝，任诸葛亮为丞相、录尚书事，总理军政。至此，三国鼎立的局面形成。诸葛亮的战略构想初步实现。

蜀汉章武二年（222 年），刘备东征孙权，以失败告终，遂退据白帝城。次年，刘备病逝于此，临终前托孤于诸葛亮。刘禅继位后，诸葛亮以丞相辅政，又领益州牧，封武乡侯。朝政事务无论巨细，均决于诸葛亮。

刘备逝世后，益州郡豪强雍闿、越巂郡夷帅高定、牂柯郡太守朱褒以及益州郡少数民族头领孟获等乘机发动叛乱。诸葛亮从蜀汉的实际情况出发，没有立即出兵镇压叛乱，而是着力于安定国内民众，积蓄力量，同时派邓芝赴东吴修好。蜀汉建兴三年（225 年），南中地区叛乱愈演愈烈，考虑到此时蜀汉的政治、经济已经趋于稳定，诸葛亮决定亲自率军前往平叛。他采取参军马谡的建议，以“攻心”为主，先逐个击破雍闿、高定、朱褒的军队，再七擒七纵孟获，彻底降服孟获。之后，诸葛亮继续领兵南下，降服了其他叛乱的少数民族首领。蜀汉政权得以巩固。

南中叛乱平定之后，自建兴六年（228 年）起，诸葛亮先后六次出征北伐，企图消灭曹魏，恢复汉室。虽然蜀军在北伐过程中取得过局部的胜利，但因力量悬殊而屡遭挫败。蜀汉建兴十二年（234 年），在最后一次北伐途中，诸葛亮终因积劳成疾，病故于五丈原（今陕西眉县西南）。

诸葛亮不仅是一位杰出的政治家，其在建军、治军、行军等方面都有惊人的成就。他的军事思想集中体现在其传世著作中。今之可考者，有西晋史学家陈寿编辑的《诸葛氏集》，虽然其文多亡佚，但从篇目来看，《南征》《北出》《兵要》《军令》等篇显然是在谈论军事问题。另外，《隋书·经籍志三》在“《孙子兵法杂占》四卷”条下附注称“梁有《诸葛亮兵法》五卷”。不过由于《诸葛亮兵法》早已亡佚，今已无法判断其真伪。流传至今的《便宜十六策》《将苑》等相传也是诸葛亮所作。

十一、李　靖

图 4–10　李靖像

李靖（571～649 年），字药师，京兆三原（今陕西三原东北）人，隋末唐初著名的军事家。（见图 4–10）他出生于官宦之家，祖父李崇义曾任西魏殷州刺史，封永康公；父李诠仕隋，官至赵郡太守；舅舅是隋代名将韩擒虎。受家庭环境的熏陶，李靖自幼刻苦治学，讲经习武，熟读兵书。他的舅舅经常与他谈论兵书，对他大加赞赏，称“可与论孙、吴之术者，惟斯人矣”[①]。

他早年入仕隋代，历任长安县功曹、殿内值长、驾部员外郎。隋代左仆射杨素和吏部尚书牛弘非常赏识他，称他有“王佐之才”。大业末年任马邑郡丞。任职期间，他察觉太原太守李渊有反叛朝廷之意，欲向远在江都的隋炀帝报告李渊父子的动向。为躲过李渊父子，他把自己伪装成囚徒，前往江都，不料被李渊父子俘获。李世民早已耳闻李靖的卓越才能，便竭力为其求情。李靖因此获释。不久被李世民召入幕府，跟随作战。

李靖在李渊统一全国和李世民征讨东突厥的战争中，参与指挥的战争无数，功绩卓著。其中影响比较大的有江陵之战、丹阳之战和平定东突厥的战役。

唐高祖武德四年（621 年），唐王朝派李靖和赵王李孝恭率军前往征讨盘踞江陵的梁王萧铣。适值秋天雨季，江水暴涨，水势汹涌。诸将领请求待洪水退后再进兵。李靖力排众议，认为兵贵神速，应该趁江水暴涨，萧铣疏于戒备之时，

① 《旧唐书·李靖传》，中华书局 1975 年版。

以迅雷不及掩耳之势进攻江陵，必定可以取胜。李孝恭接受其建议，率军顺流东进。由于萧铣毫无防备，唐军连破荆门、宜都二镇，进抵夷陵。萧铣急调精兵前来援救。李孝恭不听李靖劝阻，率兵出战，结果作战失利。敌军乘胜四处抢掠。李靖见敌军队伍大乱，遂趁机挥军出击，大破敌军。其后率军直逼江陵城下。围困江陵后，他下令将所缴获的敌军舟船全部放散于江中，以迷惑萧铣的援兵。长江下游的萧铣援兵见江中到处都是遗弃散落的舟舰，以为江陵已破，都疑惧不前。萧铣见援兵不至，被迫向唐军投降。援军后知江陵已破，也投降了唐军。江陵之战充分显示了李靖卓越的军事才能和谋略。

武德六年(623年),唐王朝派李孝恭、李靖等率大军讨伐起兵反叛的辅公祏。辅公祏分派兵力抵抗唐军。诸将都建议绕道进攻丹阳，丹阳一旦攻破，其他人自然不战而降，而李靖则认为丹阳仍有重兵，如果不能迅速攻下，唐军将腹背受敌，应当先消灭眼前的敌军。他向李孝恭提出了“引蛇出洞”之法，先派老弱之兵攻击敌军，引敌出城，大军列阵在后，伺机反击。敌军果然中计，李靖亲率水陆大军进行反击，敌军猝不及防，被唐军杀得大败。然后李靖率轻骑兵昼夜兼行，突然出现在丹阳城下。辅公祏没有料到唐军如此神速，遂无心固守，只得带兵逃走，结果途中被唐军俘获。至此江南地区全部平定。

贞观三年（629年），唐太宗命李靖、李勣等人，分别领兵出击东突厥。李靖先是采用离间之计，派间谍挑拨突厥颉利可汗和心腹的关系，使得颉利心腹大将投降李靖，突厥实力大损。然后他不顾严寒天气，乘机夜袭颉利可汗的守城定襄，一举攻入城内，颉利可汗仓皇逃走，又遭李勣军队的打击，被迫请求讲和内附，意欲赢得时间，以卷土重来。唐太宗派使者前去抚慰颉利可汗。李靖看破了颉利可汗的企图，决心趁机将其消灭，遂率军连夜进击。颉利可汗缺乏戒备，再度逃走，本想北过大漠，结果又遭到李勣的阻击，不久被擒获。东突厥从此灭亡。贞观九年（635年），李靖又率兵平定了西部边境少数民族吐谷浑的势力。至此，唐代西北边境的祸患解除。

李靖因其功勋卓著，在唐代先后任刑部尚书、兵部尚书、右仆射。贞观十一年（637 年），唐太宗又加封他为卫国公，授濮州刺史。贞观十七年（643 年）又将其与长孙无忌等 24 人图像于凌烟阁，尊奉为功臣。贞观二十三年（649 年），李靖因病去世。据史籍记载，李靖著有《六军镜》《阴符机》《玉帐经》《霸国箴》等著作，可惜大都失传。

十二、岳 飞

图 4–11 岳飞像（北京故宫博物院藏）

岳飞（1103 ～ 1142 年），字鹏举，宋相州汤阴（今河南安阳汤阴）人，南宋抗金名将，中国历史上著名的军事家、战略家。（见图 4–11）

岳飞幼时家境贫寒，但很有气节，勤奋好学，读书尤好《左氏春秋》、孙吴兵法，擅长骑射。岳飞所处的时代，正值北宋末年内忧外患之际。在内部，朝政混乱，吏治腐败，农民起义相继爆发；在外部，辽、金等北方少数民族政权坐大，时刻威胁者北宋政权，尤其是金军，不断南下侵扰。

宋徽宗宣和四年（1122 年），岳飞投军抗辽，不久因父丧，退伍还乡守孝。靖康元年（1126 年），金军大举进攻汴京（今河南开封），岳飞投军抗金，屡立军功，受到抗金名将宗泽的赏识。次年，北宋灭亡。同年赵构在南京即位，建立南宋，后迁都临安。金军从开封撤军后，立原北宋大臣张邦昌为楚国皇帝，统治黄河以南原北宋统治区。后来张邦昌被赵构赐死。1130 年，金又立北宋原济南知府刘豫为帝，国号齐，史称“伪齐”。

宋高宗赵构在对金政策上反复不定，岳飞上书请求收复失地，被驳回且被

革职。岳飞遂改投河北都统张所，在河北一带坚持抗金，不久又被宗泽召回。

南宋建炎三年（1129年），金军再次南侵，很快攻下临安、越州、明州等地，宋高宗浮海逃亡。岳飞率兵坚持抵抗，多次与金军交锋，屡战屡胜。次年，岳飞在牛头山设伏，大破金兀术，一举收复健康，威名大震，金军被迫北撤。不久岳飞升任通州镇抚使，拥有人马万余。由于岳飞治军，赏罚分明，纪律严正，又能体恤部下，很快建立起一支作战骁勇、坚不可摧的抗金劲旅，史称“岳家军”。后来，宋高宗又将牛皋、董先、李道等所部拨归岳家军，岳家军兵力得到扩充。

在1134～1140年间，岳飞为了收复失地，先后进行过四次北伐。绍兴三年（1133年），伪齐军队先后占领了唐州、邓州、随州、郢州、襄阳、信阳，控制了江汉地区，并与位于洞庭湖的杨么军联合，准备向南宋进攻。岳飞主动请缨收复襄阳六郡，得宋高宗赵构的支持。绍兴四年（1134年）五月，岳飞率军第一次北伐，经过三个月的战斗，连败金、伪齐联军，收复了襄阳、信阳等六郡，大获全胜。岳飞也因功升任清远军节度使。

绍兴六年（1136年）七八月间，岳飞挥师进行第二次北伐。此次北伐中，岳家军采取声东击西的战术，由熟悉京师地理的牛皋率偏师自镇汝军东向蔡州，吸引敌人，然后以主力自襄阳出击，先后收复镇汝军、颍州、商州、虢州、伊阳县、长水县等大片失地，斩获金军和伪齐军数万人。在收复商、虢等城后，岳飞曾向朝廷请示，如形势有利，将率军与太行忠义民兵配合作战，收复河北失地，但没有得到朝廷支持。后因供给缺乏，被迫班师，屯驻鄂州。

同年九月，金、伪齐联军进行反扑。岳飞率军反击，粉碎了敌人的进攻，并趁势进行了第三次北伐。此次北伐俘获伪齐将领几十员、兵士几千名，并俘获战马3000匹。

由于屡次南侵均遭失败，绍兴七年（1137年）十一月，金废掉刘豫，取消伪齐政权，并开始以议和的形式向南宋发起政治攻势。岳飞闻知刘豫被废，先是上书朝廷，请求趁机北伐，收复失地，后又上书反对与金议和，均遭赵构拒绝。

绍兴八年（1138年），宋金第一次绍兴和议成功。绍兴十年（1140年），金毁约南下，兵分四路，向南宋发起进攻。宋高宗最初命岳飞发兵救援顺昌，旋即又命岳飞“不可轻动，宜且班师”。岳飞在司农少卿李若虚的支持下，不顾矫诏之罪，于同年六月开始第四次北伐。岳飞率军10万，兵分三路，进军中原，同时按照其连接河朔、进军中原的方略，遣将联络北方义军梁兴、张宝部，深入金军后方，切断其供给线。在郾城、颍昌之战中（见图4–12），岳家军大破金军精锐部队“铁浮图”“拐子马”，击溃金军主力，岳家军前锋部队直抵开封西南的朱仙镇。而此时的宋高宗却一意求和，一日之内连续下达12道金字牌，命令岳飞撤军。迫于君命，岳飞被迫南撤，原已收复之地，又被金军占领。

图4–12 郾城大捷（浙江杭州岳庙壁画）

绍兴十一年（1141年）四月，宋高宗调岳飞至临安，解除其兵权，改任枢密副使。不久罢其官，以“谋反”罪将其逮捕入狱，并于十二月二十九日，以“莫须有”的罪名将其杀害。当时岳飞年仅39岁。

岳飞虽含冤而死，但其功绩是不可磨灭的。他以杰出的军事才能，在1128～1141年间，率领岳家军同金军进行了大小数百次战斗，成为南宋抗金的中流砥柱，为保卫南方人民的生命财产免遭金兵的蹂躏做出了重大贡献。他“精忠报国”的民族气节，为历代所赞颂和敬仰。

十三、成吉思汗

成吉思汗（1162～1227年），原名铁木真，是蒙古政权的建立者，12世纪末13世纪初伟大的军事家、政治家，也是一个对蒙古历史、中国历史乃至世界历史都产生过重要影响的人物。（见图4–13）①

图4–13　成吉思汗像

铁木真出身于蒙古族尼龙部孛儿只斤氏族的一个贵族家庭。他的父亲也速该是尼龙部的首领。铁木真出生那天，也速该正好与塔塔尔人打了一仗，俘虏了该部落的首领铁木真。为庆祝胜利，遂为自己的儿子起名铁木真。铁木真出生时，蒙古族还处于原始部落向奴隶制转化的时期，在蒙古大地上散处着近百个大大小小的部落，除了尼龙部落之外，势力较大的有塔塔尔、蔑儿乞、乃蛮、克烈、汪古等部。各部落为了争夺财产和劳动力互相征伐。

铁木真9岁的时候，他的父亲被塔塔尔部落的人毒死，原来的部众纷纷叛离，家境因此败落。后来，在克烈部落首领王罕和扎答剌惕氏族首领札木合的援助下，铁木真收集旧部，并打败了蔑儿乞部。铁木真声威大震，不少蒙古贵族自动来附。1184年，他被部将推举为乞颜部落的可汗。接下来，铁木真又在广袤的草原上接连出击征战，收服了塔塔尔、克烈、乃蛮、蔑儿乞等部落。终于在1206年统一了蒙古。同年，蒙古贵族在斡难河畔召开大会，44岁的铁木真被一致推举为

① 中国历史博物馆保管部编：《中国历代名人画像谱》，海峡文艺出版社2003年版，第65页。

全蒙古的大汗，尊称“成吉思汗”，蒙古汗国就此宣告成立。

蒙古汗国成立之后，成吉思汗建立了军事政治制度，创立了蒙古文字，建立司法部门，颁布了法典《大札撒》。确立了蒙古汗国的规模以后，成吉思汗开始运用强大的军事力量，向周边发动频繁的战争。

在1205年、1207年、1209年，成吉思汗先后对西夏发起过三次进攻，迫使西夏称臣，纳女纳贡。1211年、1215年，成吉思汗两次大举进攻金国，占领了金国中都（今北京）。虽然没有灭亡金国，但得到了大量的人力、物力和先进的军事装备，加强了自己的军事力量。

1219年，成吉思汗以西域花剌子模国杀害蒙古商人和使者为由，亲率大军西征。他凭借强大的骑兵部队，机智灵活地出没于欧亚大陆地带，于1220年攻占了花剌子模的新都撒马尔罕，不久又占领了其旧都玉龙杰赤。花剌子模国王摩诃末西逃。成吉思汗派速不台、哲别率兵追击，最终摩诃末逃至今里海中的一个小岛上，不久病死。速不台、哲别又挥军北上，进入钦察草原与斡罗思地区。成吉思汗则率军追击仍在率领残部进行抵抗的花剌子模的太子札兰丁，札兰丁在大军覆灭之后，逃往印度。经过数年征战，成吉思汗占领了相当于今俄罗斯南部、中亚地区、伊朗、阿富汗的大片土地，他的部队还到达了今波兰、匈牙利和奥地利等地。1225年，成吉思汗凯旋东归，将本土及新征服所得的西域土地分封给四个儿子，后来发展为四大汗国。

1226年，成吉思汗以西夏国王违约为借口，兵分两路进攻西夏。成吉思汗亲率东路军很快攻下了西夏重镇黑水城（今内蒙古额济纳旗以东），并在贺兰山再次打败西夏军；速不台率西路军，先后占领了沙州、肃州、甘州等地。十一月，蒙古军在灵州大败西夏军，西夏主力丧失殆尽。接着，蒙古军包围西夏都城中兴府（今宁夏银川）。由于常年征战，成吉思汗不幸染上重病，于1227年病死在六盘山南麓清水县行宫中。蒙古军秘不发丧，继续进攻。不久，西夏国灭亡。

由于成吉思汗一生中大部分时间都是在战争中度过的，加之当时蒙古族文

字处于初创时期，他没有为后世留下军事著作。但他戎马生涯近 40 年，不仅统一了蒙古，而且率铁骑东征西战，最终建立起一个横跨欧亚大陆的大帝国。其战绩不仅在中国军事史上至为突出，就是在世界军事史上也是极为罕见的。万耀煌在为西方学者布尔霖著《成吉思汗》汉译本（1948 年版）所写的序言中说到："中国之兵学，至孙子而集理论上之大成；至元太祖成吉思汗，而呈实践上之巨观。此两人者，遥遥相距千祀，一则援笔以言，一则仗剑以行，卒以造成历史上中国军威震铄欧亚之伟业，发扬数千年中国兵学蓄精养锐之奇辉。"[①] 这一评价不可谓不高。

十四、戚继光

戚继光（1527 ～ 1587 年），字元敬，号南塘，晚号孟诸，今山东蓬莱人。他是明代抗倭名将，也是一位精于韬略的大军事家，著有《纪效新书》《练兵实纪》两部军事名著和《止止堂集》等。（见图 4–14）

图 4–14　戚继光像

戚继光生于将门之后，其父戚景通是登州卫的军事长官，为官清廉，治军严明，生活节俭。受父亲的影响，戚继光年少时即勤于修身，熟读兵书，通文史大义。他还经常去参观父亲主持的军事操练，接触了较多的练兵知识。嘉靖二十三年（1544 年），戚景通病逝，戚继光袭父职为登州卫指挥佥事。

自明代初年起，我国东部和东南沿海一带不断受到倭寇的侵扰。戚继光在

① 转引自余大钧：《一代天骄成吉思汗——传记与研究》，内蒙古人民出版社 2002 年版，第 486 ～ 487 页。

职期间，于山东一带率兵抗倭。鉴于当时边防力量薄弱、军纪废弛的状况，戚继光整顿卫所，训练士卒，严肃纪律，使山东沿海的防务臻于巩固。在山东一带的倭患基本平息之后，戚继光又被调往浙江任职，镇守宁波、绍兴、台州三府。当时，浙江沿海的倭患极为严重，而戍边的明军缺乏训练，作战不力。针对这种状况，戚继光在军事训练方面进行了大量改革。他招募农民和矿徒，组成新军，并配以精良战船和兵械，精心训练。他还针对南方多湖泽的地形和倭寇作战的特点，审情度势，创造了攻防兼宜的“鸳鸯阵”战术。经过半年多的严格训练，这支军队很快成为一支守必固、攻必克、战必胜、所向披靡的队伍，世人誉称“戚家军”。凭借这支军队，戚继光很快荡平了浙江、福建一带的倭寇。

东南沿海的倭患虽然平息了，但北边仍然存在鞑靼的威胁。1567年明穆宗即位后，为加强北部边疆的防御力量，调戚继光北上，负责蓟州（今河北蓟县）、昌平、保定三镇的练兵事务。守蓟州期间，戚继光加固长城，筑建墩台，整顿屯田，训练军队。针对侵犯北部边疆的多为蒙古族骑兵这一状况，他提出了车、步、骑配合作战的新战术。作战时，将步兵、骑兵、车兵合为一营，战车在骑兵之后排成战斗队形；敌军逼近时，骑兵退入战车阵内，车上的士兵施放火器；火器的威力发出后，步兵从车后冲出；敌人攻势被挫后，骑兵又从车后出击。车、步、骑协同作战，冷、热兵器配合使用，这种新战法取得了较为良好的作战效果。戚继光多次率军击退侵扰之敌，军威大振，蓟州境内烽火寂然。

戚继光的显赫功绩遭到朝中一些权贵的嫉恨和排斥。在万历十一年（1583年）支持戚继光的内阁首辅张居正去世之后，一些权贵趁机上疏，贬斥戚继光，认为他不宜镇守北方，应调往南方。于是戚继光被调往广东镇守。万历十三年（1585年），戚继光以年老多病为由，谢职归家。万历十五年（1587年）病逝。

十五、努尔哈赤

努尔哈赤（1559～1626年），是清王朝前身后金国的缔造者，也是清王朝的主要奠基人，著名的军事家、政治家。（见图4–15）

图4–15　努尔哈赤像

努尔哈赤出生在赫图阿拉建州左卫一个满族奴隶主的家中。其先人皆非等闲之辈，从六世祖猛哥帖木儿开始受到明王朝册封，其祖父、父亲担任过建州左卫指挥。万历十一年（1583年），努尔哈赤之父被建州女真苏克素浒河部图伦城的城主尼堪外兰与明辽东总兵李成梁联合杀害。年仅24岁的努尔哈赤凭其先祖所遗13副盔甲，率部起兵征讨尼堪外兰，开始了他统一女真各部的征程。

努尔哈赤一举攻克图伦城，尼堪外兰逃奔鄂勒珲城，明王朝遂任命努尔哈赤为指挥使。努尔哈赤继续东征西讨，凭借杰出的军事才干，先是花10年时间统一了建州女真各部，后又降服海西、野人等众多分散的女真部落，势力日大。

在扩大统一事业的30多年中，努尔哈赤也在不断完善自己领导下的女真政权，逐渐建立起经济、军事一体化的八旗制度，又采用以蒙古字母拼写女真语的方法，创立了本民族的文字。同时，努尔哈赤对明王朝采取忠顺态度，多次向明朝朝贡，稳定与明王朝之间的关系。

万历四十四年（1616年），已经羽翼丰满的努尔哈赤在众人拥戴下，受“覆育列国英明汗”尊号，定国号为“大金”，并在赫图阿拉城举行登基典礼。自此，史称“后金”的女真族政权正式建立。

万历四十六年（1618年）四月，努尔哈赤发布以“七大恨”为内容的反明檄文，

历数明王朝多年来对女真人的压迫，公开树起了反明大旗。

万历四十七年（1619 年）三月，明王朝派辽东经略杨镐率 40 万（实际兵力在 17 万左右）大军，分四路讨伐努尔哈赤。在得到明军进军的消息后，努尔哈赤准确地判断出明军的主力所在，决定采取“凭你几路来，我只一路去”的作战方针，先将全部兵力集中起来迎击明军主力部队西路军，经过在萨尔浒、界藩山一带激战两日，歼灭大部西路明军。之后又将其他三路各个击破。这就是历史上有名的萨尔浒之战。此后数月，努尔哈赤趁胜攻取开原、铁岭，顺势灭掉了宿敌海西女真叶赫部，清除了统一女真的最后一个障碍。

明天启元年（1621 年）三月，努尔哈赤率后金军主力先后攻占沈阳、辽阳。四月，将都城由赫图阿拉迁至辽阳。天启五年（1625 年）三月，努尔哈赤又将都城迁至沈阳。在统治辽东期间，努尔哈赤多次在征战中进行残酷的杀戮。

天启六年（1626 年）一月，努尔哈赤发起宁远之战。这次战役明军在袁崇焕的指挥下，打败了后金，努尔哈赤兵退盛京（今辽宁沈阳）。同年四月，努尔哈赤又亲率大军，攻打相助明朝的喀尔喀蒙古巴林等部落，胜利凯旋。八月，努尔哈赤病逝。1644 年，清军入关后，尊努尔哈赤为“清太祖”。

努尔哈赤一生征战 40 余年，凭着卓越的军事才能和超人的智慧，以外交争取和军事进攻相结合，结束了女真族长期分裂混战的局面，顺应了历史的发展，对于东北地区的发展有重要意义。在军事上，他强调以智取胜，在战争中善于采用分化瓦解、集中兵力、各个击破等策略，最终取得了统一战争的胜利。其军事思想对后世兵家有较大影响。

第五章 兵书

兵书是古代军事著作的统称。在中国数千年的历史长河中，发生过不计其数的战争，在战争中涌现出了众多优秀的兵学家，他们在总结前人作战经验或自己实战经验的基础上，形成了一部部广博精深的军事著作——兵书。

我国古代兵书起源很早。班固《汉书·艺文志》记载，神农、黄帝及其大臣风后、力牧等均有兵法传世。这些说法皆因缺乏文字记载而难以确信，应该是后人托其名而作。大约在西周时期出现的《军志》《军政》是迄今为止发现的最早的兵书。这两部兵书虽然已经失传，但许多文献都曾援引其中的文字。

春秋战国时期，社会动荡，战争连绵不断，战争的形式也日益多样化。许多兵学家总结战争经验，著书立说，形成了兵书发展的第一个高峰期。《孙子兵法》《吴子兵法》《孙膑兵法》《司马法》《尉缭子》《六韬》等对后世影响深远的兵书都是在这一时期出现的。

秦汉时期实现了国家的大一统，大规模的战争减少了，兵书著述也相对减少。这一时期流传下来的完整的兵学著作只有《黄石公三略》。但是，汉代在兵书整理方面可谓功不可没。西汉初年，汉高祖就曾命“张良、韩信序次兵法，凡百八十二家，删取要用，定著三十五家”①。汉武帝时，命军政杨仆整理兵书，最终编成《兵录》。汉成帝时，又命步兵校尉任宏校理兵书，而光禄大夫刘向则为整理校订后的兵书作叙录，并上奏皇帝。这次整理不仅厘定了文字，规范了版本，而且划分了兵家的流派，把兵家划分为兵权谋家、兵形势家、兵阴阳家、兵技巧家等四类。

三国两晋南北朝时期，是继秦代之后兵学发展的一个低谷期。虽然历代正史记载这一时期出现了不少兵书，但大多属于编纂性质，理论建树不多。价值比较大的原创性兵书，只有署名为诸葛亮的《便宜十六策》《将苑》以及司马

① 《汉书·艺文志·兵书略序》，中华书局 1997 年版。

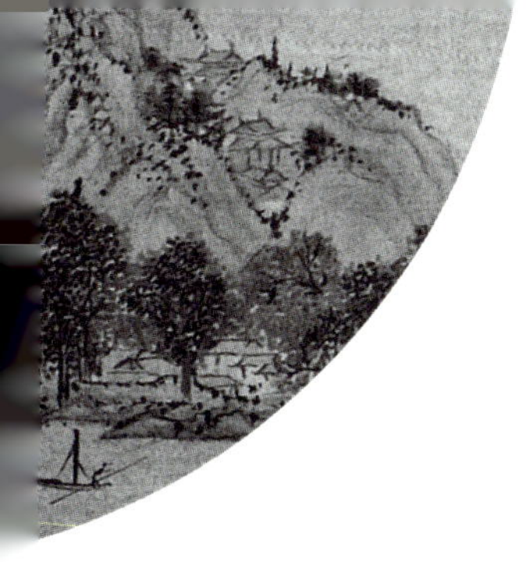

彪的《战略》。

唐宋时期，兵书开始复兴。唐代出现了《唐太宗李卫公问对》《太白阴经》等重要兵学著作。北宋时，统治者一度将兵书列为禁书，但宋军在与辽、西夏等少数民族政权战争中的频频失利，促使朝廷不得不重视军事问题。宋仁宗时动用国家力量编修了兵书《武经总要》。宋神宗时命人从当时流行的兵书中挑选了七部，即《孙子兵法》《吴起兵法》《六韬》《司马法》《尉缭子》《黄石公三略》《唐太宗李卫公问对》，汇编成《武经七书》，由官方颁行。《武经七书》成为宋代以来军事学校和考选武举的基本教材。在朝廷的带动下，大批学者就军事问题纷纷著书立说，兵书著述迅速复兴，因而宋代兵书的种类和数量超过了以往任何一个朝代。

明清时期，随着战争的频繁、武器装备的改进和兵学思想的革新，兵书的发展也再次出现高潮。据许保林《中国兵书知见录》（解放军出版社 1988 年版）的统计，明清时期的兵书为 2005 部，16690 卷，占整个封建时期兵书总数的 62%。这一时期的兵书不仅数量多，而且实用性较强，如戚继光的《纪效新书》《练兵实纪》、茅元仪的《武备志》等，论述的主要是治军、练兵、作战的问题。不少兵书还介绍了西方先进的军事技术。

除了专门的兵书以外，在各种古代非军事典籍中也有一些论兵篇章，如《荀子·议兵》《淮南子·兵略训》等。除此以外，历史上还出现了许多论兵的文章或奏疏，如晁错的《言兵事疏》、辛弃疾的《美芹十论》。这些论兵的篇章，其数量之繁多、内容之丰富，不逊于独立的兵书。

古代兵书卷帙浩繁，究竟有多少部，多少卷，难以给出一个精确的数字。在陆达节撰写的《历代兵书目录》（南京军用图书出版社 1933 年版）中，共收录历代兵书 1304 部，6831 卷，内有 203 部兵书的卷数不明，流传下来的有 288 部。后来，他又在此基础上编著了《中国兵学现存书目》（珠海大学出版社 1949 年版），改称古代兵书存世的只有 281 部。许保林的《中国兵书知见录》（解放军出版

社 1988 年版）统计的数字又进了一步，书中著录兵书 3380 部，存目兵书 1072 部。刘申宁所著的《中国兵书总目》（国防大学出版社 1990 年版）统计的数字更多，共收录 1911 年辛亥革命以前的兵书 4221 种，其中鸦片战争以前的兵书有 2331 种。但是据现在所掌握的资料来看，今天存世的兵书也就四五百种之多。

古代兵书不仅数量庞大，其内容也是丰富多样。有阐述用兵谋略和治军原则者，有讨论军事训练和阵法布列者，有偏重将帅素质者，也有记载战例、人物事迹者，还有论述后勤供应、武器装备者，内容十分广泛。总体来说，讲军事谋略和一般作战原则的兵书，如《武经七书》，是古代兵书的主体。历史上影响较大的兵书大多属于此类。下面择兵书之要者作一扼要介绍。

一、《孙子兵法》

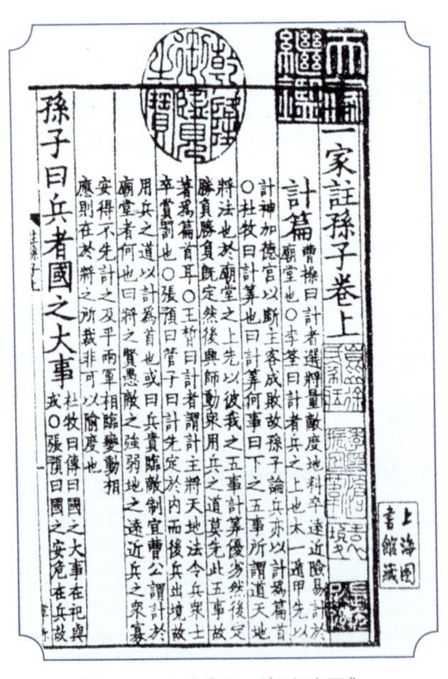

一家註孫子卷上

計篇 曹操曰計者選將量敵度地料卒遠近險易計於廟堂也○李筌曰計者兵之上也太一遁甲先以計神加德宮以斷主客成敗故孫子論兵亦以計爲篇首○杜牧曰計算也曰計算何事曰下之五事所謂道天地將法也於廟堂之上先以彼我之五事計算優劣然後定勝負勝負既定然後興師動衆用兵之道莫先此五事故著爲篇首耳○王晳曰計者謂計主將天地法令兵衆士卒賞罰也○張預曰管子曰計先定於內而後兵出境故用兵之道以計爲首也或曰兵貴臨敵制宜曹公謂計於廟堂者何也曰將之賢愚敵之強弱地之遠近兵之衆寡安得不先計之及乎兩軍相臨變動相應則在於將之所裁非可以預度也

孫子曰兵者國之大事 杜牧曰傳曰國之大事在祀與戎○張預曰國之安危在兵故

图 5–1　宋本《十一家注孙子》书影（上海图书馆藏）

《孙子兵法》（见图 5–1），又称《孙武兵法》《吴孙子兵法》，春秋末年齐国兵学家孙武所作，是中国现存最古老的兵书，被誉为“兵学圣典”，位列《武经七书》之首，历来受到兵家的重视。

关于《孙子兵法》的篇数，《史记·孙子列传》和《汉书·艺文志》分别有“十三篇”和“八十二篇”两种不同的说法。1972 年山东临沂银雀山西汉墓发掘出的竹简本《孙子兵法》和 1977 年青海大通县上孙家寨 115 号西汉墓发掘出的木简《孙子兵法》佚文，均有“十三篇”的记载，说明“十三篇”应该是《孙子兵法》的原文，

“十三篇”之外的69篇和图应是孙子后学对“十三篇”的解释、阐发、增益之作。东汉末年，曹操删去了附益的部分，为“十三篇”作注，使得“十三篇”完整地流传至今，其他69篇及图佚失。今存《孙子兵法》约6000字，篇幅虽然不大，但其内容博大精深，思想精邃富赡，全面总结了春秋时期各国的战争经验，深刻揭示了战争规律。

在战争问题上，《孙子兵法》强调“慎战”“备战”。书中指出，战争是关系着国家民族生死存亡的大事，必须加以认真考察研究，千万不可轻举妄动。战争又是不可避免的，因此平时一定要加强战备，做到有备无患，“无恃其不来，恃吾有以待之；无恃其不攻，恃吾有所不可攻也”。[①]《孙子兵法》指出，战争不是单纯的军事行动，必须将其与经济、政治、法制、天、地、人等因素结合起来综合考虑。尤其重视政治对战争胜负的影响，把民心向背，即“道”，列为争取战争胜利的首要条件。

在战略上，《孙子兵法》推崇“不战而屈人之兵”的理想作战境界，提倡“伐谋”“伐交”的谋攻方式，认为“伐兵”“攻城”是不得已而为之的做法，力争以最小的损失来取得最大的战争效果；强调“知”是战略决策的基础，在战前必须做到“知己知彼”“知天知地”；在作战过程中，要掌握战争主动权，做到“治人而不治于人”；用兵打仗要速战速决，切勿陷入持久胶着的作战状态；在进攻方向上，要避实击虚；用兵方法一定要灵活，要“践墨随敌”，因敌制胜；在战争取得胜利后，要“修其功”，以巩固胜利成果，防止“费留”局面的出现。[②]

在战术上，《孙子兵法》在“兵以诡道”“兵以诈立”这一指导原则的指导下，提出了一系列临阵击敌的战术技巧。书中指出，在战争中，要通过“先处战地”“攻其不守”“冲其虚”“我专而敌分”等方式，达到“致人而不致于人”的目的；

---

① 《孙子兵法·九变》，中华书局1962年版。

② 《孙子兵法》之《谋攻》《虚实》《地形》《九地》。

战争指挥者要善于造“势”，以势取胜；要善于运用奇正之术，“以正合，以奇胜”；要根据敌我双方的实力对比，处理好攻、守之间的关系；在战争中可以通过“治气”“治力”“治心”“治变”等方式打击敌人。①

在治军方面，《孙子兵法》重视军队素质的训练与培养，提出了“合之以文，齐之以武”的治军原则，认为将帅必须以情带兵，“视卒如婴儿”“视卒如爱子”。②在选将方面，提出了“智、信、仁、勇、严”等五条选拔将帅的标准，并指出将帅必须克服“必死”“必生”“忿速”“廉洁”“爱民”五种性格缺陷。③还特别强调，一定要处理好将帅和国君之间的关系，做到“将能而君不御”。

此外，《孙子兵法》还提出了“合于利而动，不合于利而止”的用兵准则，以及“因粮于敌”“车杂而乘之，卒善而养之”等后勤保障原则。④

总之，《孙子兵法》是中华民族古代文化的瑰宝，是一部从战略的高度论述军事问题的不朽之作，在古今中外历史上具有重要的地位。明代茅元仪《武备志·兵诀评》曰：“前《孙子》者，《孙子》不遗；后《孙子》者，不能遗《孙子》。”可谓是对《孙子兵法》在中国几千年军事学术史上的作用和地位的最好总结。

二、《吴子兵法》

《吴子兵法》，又称《吴子》，战国时期兵学家吴起所著，与《孙子兵法》齐名，二者合称“孙吴兵法”（见图 5–2）。北宋时期被列为《武经七书》之一。据《汉书·艺文志》记载，《吴子》一书为 48 篇，而今本《吴子》只有 2 卷 6 篇，篇目之差可能是流传过程中亡佚所致。

① 《孙子兵法》之《虚实》《军争》。
② 《孙子兵法》之《行军》《地形》。
③ 《孙子兵法》之《计》《九变》。
④ 《孙子兵法》之《火攻》《作战》。

《吴子兵法》一书虽仅 5000 字左右，但其军事思想十分丰富，较为全面地反映了战国时期的战争特点和吴起的兵学思想，是继《孙子兵法》以后又一部体系完备、思想精深、具有重大理论价值的兵学论著。

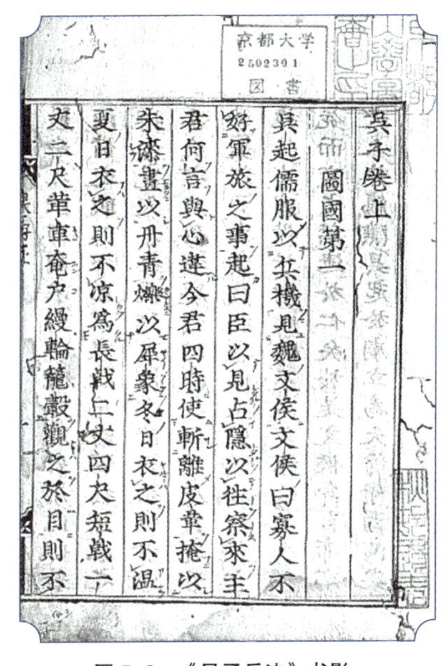

吳子卷上
圖國第一
吳起儒服以兵機見魏文侯文侯曰寡人不
好軍旅之事起曰臣以見占隱以往察來主
君何言與心違今君四時使斬離皮革掩以
朱漆畫以丹青爍以犀象冬日衣之則不溫
夏日衣之則不涼爲長戟二丈四尺短戟一
丈二尺革車奄戶縵輪籠轂觀之於目則不

图 5–2　《吴子兵法》书影

在战争观方面，《吴子兵法》分析并总结了战争的五大起因，即争夺名位、掠取利益、仇恨的积累、内乱、饥荒。根据这一判断，吴起将战争区分为义兵、强兵、刚兵、暴兵、逆兵等不同的性质，主张从事义兵，反对其他不义的战争。在对待战争的态度上，既主张“备战”，时刻做好战争准备；又主张“慎战”，反对穷兵黩武。在战争的制胜条件上，吴起认为，应该将政治和军事紧密结合起来，通盘考虑，“内修文德，外治武备”，在搞好政治的前提下，正确指导战争，以夺取战争的胜利。[①]

在治军方面，《吴子兵法》提出了“以治为胜”“教戒为先”的治军思想。《吴子兵法》认为，军队能否在战场上奋勇杀敌，夺取胜利，关键不在于人数的多寡，而在于治军是否严格。基于此理念，《吴子兵法》提出治军要“教戒为先”，对军队官兵开展思想教育，并进行严格的军事训练；提倡要“严刑明赏”，从严治军，在军事奖惩上要做到“进有重赏，退有重刑”；强调要“简募良材”，组建特种精锐部队，以防备突然不测事件。在选将方面，提出了“总文武者，

① 《吴子兵法 · 图国》，中州古籍出版社 1993 年版。

军之将”的为将标准。[1]

在作战指导方面，《吴子兵法》提倡在未战之前要“料敌”“审敌虚实”，在知彼知己的前提下，根据作战形势的变化，灵活机动地运用谋略和战术。《吴子兵法》分析了齐、秦、楚、燕、韩、赵六国的军情、民情、政治、地理等方面的特点，提出了相应的破敌之法：对齐作战，要“必三分之，猎其左右，胁而从之”；对秦作战，先示之以利，待其士卒失去控制时，再“乘乖猎散，设伏投机”；对楚作战，要“袭乱其屯，先夺其气，轻进速退，弊而劳之，勿与战争”；对燕作战，要“触而迫之，陵而远之，驰而后之”“谨我车骑必避之路”；对韩、赵作战，要“阻阵而压之，众来则拒之，去则追之”。[2]

《吴子兵法》还强调，“用兵之害，犹豫最大；三军之灾，生于狐疑”，具体提出了“击之勿疑”的八种情况、“避之勿疑”的六种情况和“急击勿疑”的十三种情况。[3]

三、《孙膑兵法》

《孙膑兵法》，又名《齐孙子》，战国中期兵学家孙膑及其弟子所撰。该书自面世以后，曾广泛流传于战国末期和秦汉时期，为世人所研习。《汉书·艺文志》中也有“《齐孙子》八十九篇，图四卷”的记载。但是不知何种原因，大约到了东汉末年以后它就突然失传了，在《隋书·经籍志》及以后的各类书目中均已不见著录。曾一度有人揣测《孙子兵法》与《孙膑兵法》乃是一本书。不过，1972 年山东临沂银雀山汉墓竹简出土，失传近 2000 年的《孙膑兵法》重新面世（见图 5-3），同时出土的还有《孙子兵法》等一批兵书。《孙子兵法》

① 《吴子兵法》之《治兵》《论将》。
② 《吴子兵法·料敌》。
③ 《吴子兵法》之《治兵》《料敌》。

和《孙膑兵法》各有其书，已经成为不争的事实。

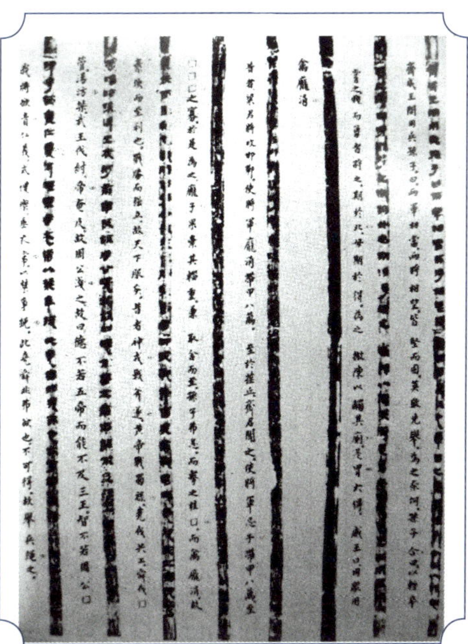

图 5–3 《孙膑兵法》竹简（山东临沂银雀山汉墓出土）

在竹简出土后，银雀山汉墓竹简整理小组对《孙膑兵法》进行了整理和注释。1975 年，文物出版社先后出版了银雀山汉墓竹简整理小组所编的《银雀山汉墓竹简·孙膑兵法》的平装本和线装大字本。竹简本《孙膑兵法》共收经过整理的竹简 364 枚，分上、下两编，共计 11000 余字。其中上编 15 篇，前四篇记载了孙膑指挥桂陵之战的作战经过及其与齐威王和田忌的问答，其余各篇篇首都有“孙子曰”字样；下编 15 篇没有提到孙子，但根据内容、字体、文体等判定其为孙膑之作。后来，随着研究的深入，人们对《孙膑兵法》的认识也不断深化。有学者提出，下编 15 篇不是孙膑之作，而是先秦其他兵书的遗作。这一观点得到学术界许多学者的认同。于是，1985 年文物出版社又出版了由银雀山汉墓整理小组重新编定的《银雀山汉墓竹简（壹）·孙膑兵法》。这次出版的《孙膑兵法》吸收了许多专家学者的意见，将原下编 15 篇删去，只保留了原上编 15 篇，再加上《五教法》1 篇，计 16 篇。该版本成为学术界公认的《孙膑兵法》通行本。此后，学术界出版的有关《孙膑兵法》校勘和注释之类的著作大多以此本为底本。

《孙膑兵法》在内容上继承了孙武和吴起等兵学家的思想，并结合战国的时代特点以及自己的实战经验，提出了许多创见性的观点。

在战争问题上，《孙膑兵法》面对战国时期天下纷争、混战不休的社会现实，一方面肯定战争在历史上的作用，强调只有通过“战胜而强立”“举兵绳之”的战争方式，才能保证国家的存在，实现国家的统一，另一方面也反对穷兵黩武、乐兵好战，认为“乐兵者亡，利胜者辱”。[①] 对于战争，提出了“义战”的标准，认为进行正义的战争就可以取得人民的支持，即便兵力寡少也能取得最终的胜利。书中还对战争起源问题进行了思考，认为人类有一种类似动物的天生野性，“喜而合，怒而斗”，所以导致了战争的发生。[②]

在战略战术上，《孙膑兵法》进一步拓展和完善了《孙子兵法》的兵学理论，提出用兵要以“道”制胜，即合理运用战争规律，以克敌制胜。还提出了以寡击众、以弱胜强的战略思想，认为通过“让威”“分人之兵”“伪遗小亡”等战法，就能以弱国战胜强国。同时还指出，在敌强我弱的条件下，要想转化战场形势，必须要经历一个持久的阶段。在战术上，主张在战争中要采取“饵敌”“眩疑”“钓战”“乖举”“昧战”等各种诡诈手段诱敌就范，注重通过治气来提高军队的战斗力，还强调作战要善于用“势”。《孙膑兵法》特别注重对阵法的运用，提倡要因地制宜，灵活布阵，兵力部署必须遵从“用阵三分”“有锋有后”“斗一，守二”的原则。[③]

在治军方面，《孙膑兵法》提出“强兵之急”在于“富国”“选卒”“明赏罚”“明爵禄”等有关军队组织和建设的主张。在将帅素质方面，认为将帅必须具备“忠”“信”“敢”“智”“勇”“知道”“数战”等品德和才能，还要处理好将与君、将与将、将与兵之间的关系。

《孙膑兵法》虽然失传上千年，但其中的一些思想观点早已通过《史记》《通典》等古籍流传于世，在历史上产生了重大影响。孙膑所创造的“围魏救赵”

① 《孙膑兵法·见威王》。

② 《孙膑兵法·势备》。

③ 《孙膑兵法》之《八阵》《官一》。

的战法，已经成为战争舞台上的经典之作，为后世广泛使用。书中所体现的重视道胜、把富国与强兵相关联、重人、信赏明罚等思想，对当今的治国治军仍有着重要的借鉴和指导意义。

四、《司马法》

《司马法》（见图5–4[①]）是中国古代一部非常重要的兵书，《武经七书》之一。《司马法》非一人一时之作，其成书大致经过了以下三个阶段：它的雏形是古本《司马法》，产生于西周时期，其内容大概是一些军法条文的罗列。到了春秋末年，齐国兵学家司马穰苴对古本《司马法》进行了补充和阐发。战国中期，齐威王令大夫追论古代《司马法》，同时将司马穰苴的兵学言论以及他对《司马法》有关内容的诠释附于其中，便形成了后来流传的《司马法》。因其与司马穰苴关系密切，故又称《司马穰苴兵法》。

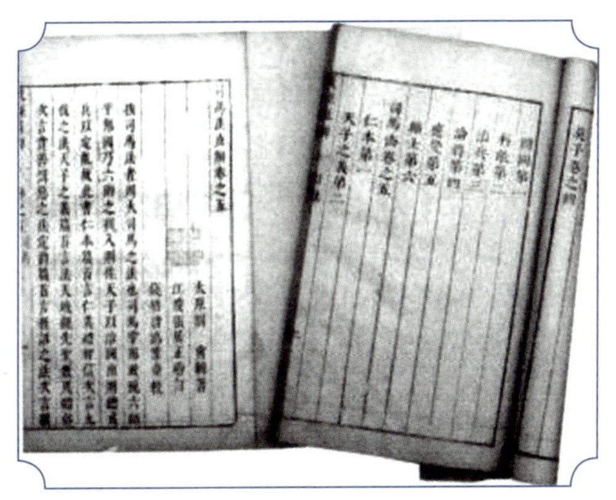

图5–4　《司马法》书影（明崇祯十年翁鸿业刻本）

《司马法》最早著录于西汉末年刘歆的《七略》，入于兵家。到了班固的《汉书·艺文志》，则被列为礼类，称《军礼司马法》，共155篇。而《隋书·经籍志》及其后的各类目录书均将其列入子部兵家类。《司马法》在流传过程中散佚严重，

① 中共临淄区委、临淄区人民政府编：《齐国故都临淄》（上），齐鲁书社2011年版，第145页。

现仅残存5篇。不过，其篇幅虽短，却保存了许多宝贵的兵学思想。

在战争观方面，《司马法》崇尚“以仁为本，以义治之”[①]，把战争视为政治的组成部分，认为政治是治理国家的首要因素，只有在政治手段不能达到目的的时候，才能采取战争手段。[②]《司马法》将战争划分为“正义”和“非正义”两大类型，提倡“除暴安人”“以战止战”的义战，反对只争利不争义的非正义战争。在对待战争的态度上，《司马法》提出了“国虽大，好战必亡；天下虽安，忘战必危”的著名论断，将“慎战”与“备战”并重，既反对迷信武力，滥于征伐，又高度重视战争，积极备战。《司马法》较为具体全面地提出了战争的准备条件，认为清明廉洁的政治是从事军事行动的根本前提。在此基础上，还要行“顺天、阜财、怿众、利地、右兵”等“五虑”[③]，即要重视天时地利、发展经济实力、加强官兵团结、提高武器装备水平。

在治军方面，《司马法》强调“国容不入军，军容不入国”[④]，认为国家、朝廷的礼仪规章不能用于军队之中，而军队的法令章程也不能用于处理国家政务，必须严格区分政务和军务处理方式的不同。《司马法》还具体阐述了治军立法的各种要则，强调要以“信”“义”作为立法依据，既要讲究法令的连续性，也要处理好立法、执法的灵活性，做到“一”与“变”的统一。认为治理军队要做到赏罚分明，执法及时，宽严适度。在将帅队伍建设方面，认为将帅必须具备“仁、义、智、勇、信”五种美德，要拥有正确的荣誉观，战胜要“与众分善”，共享胜利成果；战败要“取过在己”，主动承担责任。

在作战指导上，《司马法》提出了“相为轻重”的作战原则，将战争中的诸多因素抽象为“轻”“重”两个对立统一的因素，比如战略战术、兵力的大小、

① 《司马法·仁本》，中华书局1991年版。
② 《司马法·仁本》。
③ 《司马法·定爵》。
④ 《司马法·天子之义》。

人数的多少，以及兵器的长短、大小等，主张在作战中将轻、重兵力相互并用，轻重相节，不可偏废，从而赢得战争的主动权，争取胜利。

此外，《司马法》还提出了因敌制胜、用众用寡、避实击虚、用间、行诡道等战略战术思想，阐述了阵法的构成及利用各种阵式作战的原则和方法。

总之，《司马法》同《孙子兵法》《吴子兵法》一样，在兵学史上占有重要的地位，它所保存了从殷周到春秋战国时期的一些作战原则和方法，为我们研究中国古代战争和军事思想的演变提供了重要的资料。

五、《六　韬》

《六韬》，又称《太公六韬》《太公兵法》，我国古代的著名兵书。旧题姜太公著，全书以姜太公与周文王、周武王对话的形式编成。但是自宋代以来，就不断有人对此提出质疑。目前对《六韬》的成书时间及作者较为普遍的一种看法是，该书乃战国时人假托太公之名而作。1972 年山东临沂银雀西汉墓中出土的竹简有部分内容与今本《六韬》基本一致，被认为就是《六韬》。1973 年河北定县八角廊 40 号西汉墓也发现部分竹简上许多有“文王问”“武王问”“太公曰”的字样，与今本《六韬》内容相同或近似。

全书有 6 卷，分别以文、武、龙、虎、豹、犬为标题，共 60 篇。《文韬》主要讲治国用人的韬略。强调治国的大政方针就是“爱民”，国君贤明，才会国安而民治。强调要从物质和精神两个方面做好战争准备：在物质方面，视农、工、商为“三宝”，认为“三宝”发展了，经济力量就充足了，战争就具备了胜利的物质基础；在精神方面，强调对内要动员人民，对外争取盟国支持。此外，还强调选拔将帅要出于公心，任人唯贤。

《武韬》主要讲用兵的韬略。在继承《孙子兵法》“不战而屈人之兵”的“全胜”思想的基础上，提出“全胜不斗，大兵无创”，认为“不斗”“无与战”“全

胜”“无创”是用兵作战的最高境界，并提出了实现“全胜”目标的12种“文伐”措施。还强调在作战前必须先对敌我双方的情况了如指掌，以己之长克敌之短，才能制胜。

《龙韬》主要讲军事指挥和兵力部署。着重阐述了选将、立将的问题，提出了选拔将帅的五条标准，即“勇、智、仁、信、忠”；强调对将帅要严格要求，对于不称职的将帅要坚决撤换；主张要树立将帅的权威，临战给予他们独立的指挥权；将帅要身先士卒，起到表率作用。此外，还论述了统帅部的编组、鼓舞军队士气、发号令、通信等问题。

《虎韬》主要讲战争环境以及武器与布阵。论述了军队作战时应装备的各种兵器、器材的种类和性能，以及在突围、渡河、对阵、迂回、伏击、攻城时的作战方法。阐述了速战速决、“出其不意，攻其无备”等重要谋略思想。

《豹韬》主要讲特种地形作战问题。讨论了在森林、山地、河川、要隘等地形条件下的作战原则和方法，突袭、夜战、遭遇战等作战样式的战术，以及不同条件下步兵、车兵、骑兵诸兵种的使用和协同问题，提出了“以寡击众”“以弱胜强”的用兵韬略。

《犬韬》主要讲治军问题。讨论了如何编选、教练士卒，各种兵种如何配合作战，以发挥军队效能等问题。强调使用步兵贵在随时掌握战场形势的变化以随机应变，使用战车贵在熟悉地形情况以充分发挥其作用，使用骑兵贵在了解小路、捷径以便对敌实施迂回、穿插，只有合理使用这三个兵种，才能扬长避短，发挥各自的作用。

《六韬》可谓是一部集先秦军事思想之大成的著作，涉及治国、治军和指导战争的理论、原则等诸多问题，内容丰富，对后世军事思想影响很大，被誉为“兵家权谋类的始祖”。北宋时期，《六韬》被列为《武经七书》之一，成为武学必读之作。

六、《尉缭子》

《尉缭子》是我国先秦时期的一部著名兵书，为《武经七书》之一。清代学者称其价值“不在《孙武》之下”①。自南宋以来，有人疑其为伪书。1972年山东临沂银雀山汉墓出土了《尉缭子》残简，伪书说遂不攻自破。

对于《尉缭子》一书的作者、成书年代，历来说法不一。目前主要存在以下三种观点：一种观点认为，《尉缭子》的作者是魏惠王时的隐士，成书于战国中期的魏国。另一种观点认为，作者为秦始皇时的大梁人尉缭，成书于战国晚期的秦国。还有一种观点折中以上两种说法，认为魏惠王时的隐士和秦始皇时的大梁人魏缭实为一人，魏惠王晚年与年轻的尉缭答对，而在秦始皇十年，年老的尉缭从大梁来到秦国，为秦统一全国献计献策，该书的前12篇可能陆续写成于战国中期的魏国，后12篇则可能陆续写成于战国晚期的秦国。

《尉缭子》最早著录于《汉书·艺文志》，书中著录“杂家类”《尉缭》29篇、“兵形势家类”《尉缭》31篇。对此学术界也颇存争议。有一种较为合理的看法是，《尉缭子》不是一部系统的专著，而是由尉缭及其弟子根据他的言论在不同时期写成的几十篇作品的合编。最初大约60篇，其中29篇内容杂取了其他学派的观点，因此被刘歆和班固列在了“杂家类”，而另外31篇是适应战国晚期形势、类似军令实录的作品，被列在了“兵形势家类”。而在后来的流传过程中逐渐佚失，至今仅存有5卷24篇。

《尉缭子》军事思想十分丰富。在战争观上，它将战争区分为“挟义而战”和“争私结怨”两大类，支持“诛暴乱，禁不义”的战争，反对“杀人之父兄，利人之货财，臣妾人之子女”的战争。它对军事与政治、经济的关系也有精辟

① 黄礼漫：《续述记 尉缭子注》。

的论述，认为“兵者，以武为植，以文为种，武为表，文为里”，政治是根本，军事是枝干，军事是从属于政治的。它重视农战，把发展农业作为治国之本，认为经济是决定战争胜负的物质基础。它充分肯定人在战争中的突出作用，提出与其求助于“鬼神”“时日”“天官”，不如求之于己。[①]

在作战指导方面，《尉缭子》重视战争准备和“廊庙”决策，认为必须“权敌审将而后举兵”，坚决不打无准备之仗。它指出“战在于治气，攻在于意表，守在于外饰”，进攻在于出敌意外，防守在于巧妙伪装、隐蔽部署。[②]强调必须高度灵活地利用客观规律，根据不同的情况采取不同的方略，或力胜，或谋取，奇正相变，虚实相兼，先发制人，争取主动。

在军队建设方面，《尉缭子》认为军队必须首先建立严密的制度，做到依法治军，这是取胜的重要保证；要通过罚贵赏贱、恩威并施，来达到整肃军纪、确立军威的目的；重视将帅的选拔，主张“举贤用能”“贵功养劳”，要求将帅既要具备舍生忘死的牺牲精神，又要掌握机断指挥的权力，还要与士卒甘苦同尝、安危与共等。

书中还制定了一系列法规，如《重刑令》《伍制令》《束伍令》等篇，规定了惩治战败、投降、逃跑者的措施，以及什伍联保连坐、战场赏罚制度等。《分塞令》《踵军令》规定了部队宿营、戒严、通行等方法和纪律。

七、《黄石公三略》

《黄石公三略》，原名《黄石公记》，简称《三略》，是秦汉时期唯一一部流传至今的兵学著作。相传为秦汉之际的隐士黄石公所著。据《史记·留侯世家》

① 《尉缭子》之《天官》《武议》《兵令》。
② 《尉缭子·十二陵》。

记载，张良刺杀秦始皇未成，遭追捕，被迫隐姓埋名藏匿于下邳（今江苏邳县）。有一次在散步时，于下邳桥上遇到一老者。老者三试张良后，授其《太公兵法》，并告诉张良："十三年孺子见我济北，谷城山下黄石即我矣。"[①] 张良得书后，潜心研习。后来张良做了刘邦的谋士，以黄石公所授兵书中的谋略帮助刘邦夺得天下，建立西汉政权，并于十三年后，在济北谷城下找到了黄石，取而葆祠之。

由于上述记载较为笼统，又缺乏可靠的历史资料加以印证，所以关于《黄石公三略》的成书时间和作者历来存有争议。据不少学者对该书思想体系、行文语言、出土兵书、引文、古文献记载、著书目的等方面的考证，该书的成书年代当不早于西汉中期，大概是一位既精通兵法又熟悉张良事迹之人，假托黄石公之名编纂而成。

《三略》分上略、中略、下略三个部分，共3800余字。与《孙子兵法》《吴子兵法》等前代兵书不同，它主要讨论的不是战争谋略和具体的行军用兵之法，而是糅合道家、儒家、墨家等诸子百家的思想，从政治策略上阐明治国用兵的道理。从其军事思想来看，作为大一统王朝建立之后的第一部兵书，《三略》既继承了先秦优秀的兵学思想，又总结了秦及汉代前期治军用兵的经验，其兵学思想十分丰富。

在战争观念上，《三略》一方面继承了《老子》对战争的态度，把战争看作不得已而为之的凶器，认为战争具有很强的破坏性，会给社会经济和民众生活带来巨大的灾难；另一方面，它也并非一味反对战争，提出要用正义的战争制止非正义的战争，并指出"诛暴讨乱""以义诛不义"的战争是合乎天道的，必将取得胜利。《三略》指出，一旦兴兵作战，就必须做好充分的准备。《三略》从政治谋略的高度指出，人心向背关系着国家的治乱兴衰，影响着战争的胜负，统治者要修明政治，广施恩惠，为治国安邦、克敌制胜创造政治前提。同时要

① 《史记·留侯世家》。

实行“务耕桑不夺其时，薄赋敛不匮其财，罕徭役不使其劳”的恤民、富民政策，为战争的胜利奠定坚实的经济基础。[①]

在战略指导上，《三略》提出了“释远谋近”[②]的原则。释远，就是放弃劳民伤财的对外征伐；谋近，就是集中精力治理本国。这实际上就是立足于防御的安全战略。在战争中，《三略》强调指挥者要“因敌转化，不为事先，动而辄随”，即根据敌情的变化而制定相应的战略战术，灵活机动，因敌变化，以克敌制胜。[③]它还提出了“将在自专”的谋略思想，认为将帅带兵打仗，一定要有临时处置情况的决断权，这与《孙子兵法》“将在外，君命有所不受”的思想是一致的。

在治军用将方面，《三略》也有较丰富的思想。它强调将帅要施恩于士卒，重视收揽士卒之心，“蓄恩不倦，以一取万”。同时也要严明法令，信赏明罚，以树立将帅威信。在将帅修养方面，强调将帅既要具备广博的知识，还要有优良的品质，做到“能清、能静、能平、能整、能受谏、能听讼、能纳人、能采言、能知国俗，能图山川，能表险难，能制军权”[④]。在将帅的选拔、任用上，主张贯彻任人唯贤和“因人而致用”的原则。

《三略》问世以后，受到社会的普遍重视，不仅为历代兵学家所青睐，也受到历代统治者的推崇，在我国军事史上占有十分重要的地位。北宋时期，《三略》被列入《武经七书》，成为武学必读之书。

八、《唐太宗李卫公问对》

《唐太宗李卫公问对》，又称《李卫公问对》《唐李问对》《李靖问对》，

① 《黄石公三略·上略》。
② 《黄石公三略·下略》。
③ 《黄石公三略·上略》。
④ 《黄石公三略·上略》。

或简称《问对》，它是根据唐太宗李世民与李靖关于军事问题的问答编辑而成。关于该书的作者与成书年代，历史上学术界意见多有分歧。有人怀疑是北宋阮逸伪作，但未有确证。

《问对》分上、中、下3卷，共98个问答，约13000字。《问对》主要从“奇正”“虚实”“主客”“攻守”等矛盾范畴入手，集中讨论了战争主动权问题，同时对于阵法布列、古代兵制、兵学源流等问题，在综合前人说法的基础上，提出了自己的见解。

“奇正”是中国古代兵学中一个非常重要的概念。《孙子兵法·虚实》最早提出“凡战，以正合，以奇胜”，后世兵家对于何为“奇正”说法不一。《问对》中李靖与唐太宗二人通过问对，对“奇”与“正”作了详尽而具体的阐释，认为奇正之变没有固定的格式，“善用兵者无不正，无不奇，使敌莫测，故正亦胜，奇亦胜”[1]。将帅指挥作战，用正兵或奇兵都能取胜，关键在于懂得奇正的变化。李靖认为，奇正变化同“虚实”“分合”是纠结在一起的，指挥作战时，必须以正兵对付敌人之实，以奇兵对付敌人之虚；兵力分散时以集中为奇，兵力集中时以分散为奇；利用“示形”的方法，制造假象，隐蔽奇正的变化，就能使敌虚我实，我方就可以掌握战争主动权。与《孙子兵法》单纯讲虚实、分合不同，李靖将“奇正”与“虚实”“分合”“示形”联系起来进行论述，认识较为深刻。

《问对》对攻守、主客关系进行了辩证的论述。在攻守关系上，李靖认为，攻守两种作战形式不可偏废，应该结合使用。攻守的对象不仅指城邑和战阵，还包括心理和士气，与敌人作战时要注重心理战，设法从心理和士气上打击敌人。在主客关系上，李靖认为，当主军处于有利地位、客军处于不利地位时，可以通过变客为主，使主客地位发生转化，从而取得主动权。具体做法是“因粮于敌，变客为主也；饱能饥之，佚能劳之，是变主为客也”，意即通过抢占敌人的粮

① 《唐太宗李卫公问对》卷上，中华书局1991年版。

食使自己由不利变有利，使敌人由有利变不利。

《问对》中李靖还总结历代兵学，参考一些兵学著作，对我国古代兵学源流进行了考究，认为古代军事学“大体不出三门四种”[①]。“三门四种”的提法出自《汉书·艺文志》。“三门”指《六韬》的内容，包括“谋”“言”“兵”三部分；“四种”指汉成帝时任宏对兵学的分类，包括“权谋”“形势”“阴阳”“技巧”四部分。在李靖看来，传统兵学的主流包括两个派别：一则出自太公，为张良所传承；一则出自司马穰苴和孙武，为韩信所传承。这两个流派的传承，支配着兵学的发展。

《问对》还十分重视军队的训练，提出了由单兵到小分队、由小分队到大部队的训练程序，即由“伍法”到“队法”到“阵法”。此外，《问对》还对古代阵法布列进行了探讨。“八阵”是古代最有代表性的一种阵法，由于阵图失传，后世学者产生了种种猜测和附会，《问对》从理论和实践上对“八阵”进行了考辨，认为八阵是古代一种阵法的名称，不是八个阵法的简称，“八阵”由“五阵”推演而成。《问对》还详细论述了“六花阵”的运用。

《问对》有多处对《孙子兵法》的命题进行了阐发，丰富和发展了《孙子兵法》的思想，在中国历史上产生了比较大的影响。《问对》在宋代被列入《武经七书》，成为武举必读之书。今天仍有重要的研究价值。

九、《太白阴经》

《太白阴经》，又称《神机制敌太白阴经》，是晚唐道教思想家、军事理论家李筌所著的一部综合性兵书。李筌，生卒年不详，约活动于唐玄宗至唐肃宗时期。年少时好神仙之道，曾隐居于河南嵩山的少室山多年。大约在唐玄宗

① 《唐太宗李卫公问对》卷上。

开元中出仕，后为权臣所排挤，入名山访道，后不知所终。中国古人认为太白星主杀伐，因此多用来比喻军事，《太白阴经》的名称由此而来。

《太白阴经》全书共10卷（《四库全书》本作8卷），每卷分若干篇，每篇讨论一个问题，共100篇。该书在继承前人论兵成果的基础上，结合唐代军事发展的实际状况，对古代战争、国防、治军、作战等重大军事问题，乃至军仪典礼、攻防战具、侦察通信、行营警备、粮草行装、战阵队形、物象观测、人马医护等，进行了较为详细深刻的论述。

关于战争，李筌认为，“以道胜者帝，以德胜者王，以谋胜者伯，以力胜者强。强兵灭，伯兵绝，帝王之兵前无敌”[①]，将战争取胜的方法分成靠道义、靠德行、靠谋略、靠武力四类，认为靠道义取胜，可以成就帝业，只有帝王的军队才能无敌于天下，所以君主治国用兵，必须恪守道德。他又指出，政治高于军事，认为以政治手段争取达到不战而胜是用兵之最上策，不得已才去诉诸战争，所谓“先文德怀之；怀之不服，饰玉帛以啖之；啖之不来，然后命上将，练军马，锐甲兵，攻其无备，出其不意，所谓叛而必诛，服而必柔”[②]。上述论述充分体现了李筌道、儒、兵兼融取长的思想。他还强调，战争的胜利取决于“人事”，即人的主观努力，而不是阴阳鬼神。地理条件对战争胜负有着重要影响，但只是作为作战的辅助条件，而不起决定作用。

在国防建设问题上，李筌认为，敌我力量的对比对战争的胜败有着重大的影响。国家富强的一方，才能获胜。而要想国家富强，关键在于发展生产，在此基础上提出了“人主恃农战而尊”[③]的战略主张。

在治军方面，李筌重视对将帅的选拔，认为要选拔“能柔能刚，能翕能张，能英而有勇，能雄而有谋，圆而能转，环而无端，智周乎万物，而道济于天下”

① （唐）李筌：《太白阴经》卷一《主有道德》，军事科学出版社1996年版。
② （唐）李筌：《太白阴经》卷二《贵和》。
③ （唐）李筌：《太白阴经》卷五《屯田》。

的“通才”担任将帅。[①] 但“通才”毕竟有限，所以他又提出了“任才之道”，即依据实际需要选拔各种军事人才，并发挥他们各自的特点和专长。李筌还批驳了那种认为人的勇怯是“地势所生，人气所受”[②]的传统观念。他认为士兵之勇怯取决于刑赏，因此要制定严格的刑赏制度，以激励士卒，增强军队的战斗力。

在战略战术上，李筌指出“凡战，谋为先，机为重”，即在战争中要充分使用谋略，运筹帷幄，创造和捕捉有利的战机，实现神机制敌。他还指出“道贵制人”，即一定要掌握战争主动权。[③] 实现战争主动权应当掌握这样几个指导原则：要善于扬长避短，把握战机；要善于调动敌人；还要注意利用有利的形势等。

综上所述，《太白阴经》是唐代流传下来的一部内容丰富、特色鲜明的兵书，在中国古代兵学发展史上占有重要位置，具有深远的影响。

十、《虎钤经》

《虎钤经》是北宋早期的军事理论家许洞撰写的一部著名兵书。《虎钤经》共 20 卷，210 篇。“虎”为“虎符”，即“兵符”；“钤”即“锁钥”。“虎钤经者，将军之事也。”《虎钤经》即为开启兵符锁钥之书，掌兵权者应备之经。

该书前 10 卷汇集了从《孙子兵法》到《太白阴经》等前人论述，参以己意而加以综合，军事价值较高。后 10 卷多为阴阳占卜、天人感应等荒诞迷信之论，军事价值不高。《虎钤经》的军事思想，主要可总结为以下几点：

一是强调战争中人的地位和作用。用兵过程中，离不开天、地、人，这三者之间的关系不是对等的，应是“先以人，次以地，次以天”[④]。人的因素中，

① （唐）李筌：《太白阴经》卷二《鉴才》。
② （唐）李筌：《太白阴经》卷一《人无勇怯》。
③ （唐）李筌：《太白阴经》卷一《数有探心》。
④ （宋）许洞：《虎钤经》卷一《三才应变》。

将帅的作用尤为重要。因此该书对将帅的素养和才能提出了很高的要求。

二是强调谋划战争一定要周密全面。未战之前，要“先谋”（欲谋用兵，先谋安民；欲谋攻敌，先谋通粮；欲谋强兵，先谋赏罚等）；还要“先定必胜之术”，做到“三和”（和于国、和于军、和于阵）、“三有余”（力有余、食有余、义有余）、“三必行”（必行其谋、必行其赏、必行其罚）。既战之后，要善于夺敌之所恃，包括夺气（伺敌力衰而乘之）、夺隘（待敌动时而攻之）、夺勇（据隘设伏示弱以诱之）等；要善于“袭虚”（以佯动、诱敌击其虚）；还要“任势”（乘机击敌懈怠，设伏击敌不意，乘胜扩张战果）等。①

三是强调战争要以“粮储为本，谋略为器”②。谋略的运用必须建立在一定的物质基础之上，而谋略的运用本身就包括对军用的谋划等广泛的内容。比如该书提倡欲谋攻敌，先谋通粮；欲谋守据，先谋储蓄等。

四是强调“用兵之术，知变为大”③。知变，就是不把兵法看成僵死的教条，要见机而作，一切根据具体的情况来用兵。

除此以外，《虎钤经》还比较完备地记载了当时的攻城守战之法、器具以及水战、火攻等特种条件下的作战方法，汇集了不少阵法，并创造了飞鹗、长虹等阵法，还汇集了与军事有关的天文、历法、识时、方位识别等知识。这些大都是其他兵书所罕见的，具有较高的价值。

十一、《武经总要》

《武经总要》（见图 5–5）是中国古代第一部由官方主持编修的综合性兵书。北宋前期，边患严重，宋军在对外作战中屡遭败绩，宋仁宗针对当时武备松弛、

---

①（宋）许洞：《虎钤经》卷三《先胜》。
②（宋）许洞：《虎钤经》卷三《军谋》。
③（宋）许洞：《虎钤经》卷一《三才应变》。

重刻校正增補
金陵富春堂發行
官板武經總要

图 5-5 《武经总要》书影
（明万历二十七年唐富春刻本）

将帅不懂兵学的状况，下令天章阁待制曾公亮和工部侍郎、参知政事丁度编纂一部内容广泛的的军事著作。二人以唐代杜佑所著《通典》中军事部分为蓝本，广事采撰，历时 5 年编成《武经总要》。宋仁宗亲自核定，并为此书作了序言。

《武经总要》分前、后 2 集，各 20 卷。前集较详细论述了宋代军事制度，包括选将用兵、教育训练、部队编组、行军宿营、古今阵法、通信侦察、城池攻防、水战火攻、武器装备等，并介绍了边防的军事地理、地理沿革等情况；后集辑录有前代用兵的故事，保存了不少古代战例资料，比较了用兵得失。但是书中也收入了不少占卜的内容，多为荒诞迷信之谈。

《武经总要》所阐述的军事思想十分丰富。主要表现在以下几个方面：

其一，针对北宋前期军队缺乏训练的状况，强调“军无众寡，士无勇怯，以治则胜，以乱则负”[①]；主张加强对军队的教育训练，以法治军，并对军队的赏罚作出了详细的规定，提出了军事考核的九验之法。

其二，强调将帅的重要性。认为将帅乃“民之司命，国家安危之主”，因此选拔将帅一定要审慎，做到知人善任。提出将帅要具备“智、信、仁、勇、严”五才和“理、备、果、戒、约”五谨。[②]鉴于北宋时边患问题严重，《武经总要》还强调将帅必须了解周边特别是西北少数民族的风情。

其三，在作战指导上，继承了《孙子兵法》“知己知彼，百战不殆”的“知胜”思想，强调作战之前要“审己”“察彼”，以确知敌我双方的情况；重新强调

① （宋）曾公亮、丁度：《武经总要·前集》卷二，中华书局 1959 年版。
② （宋）曾公亮、丁度：《武经总要·前集》卷一。

了古代兵学理论中的“兵贵知变”“不可以冥冥决事”的思想；注重以奇取胜，提倡作战时要充分发挥“奇兵”的作用，做到奇正相辅，即所谓“奇非正，则无所恃；正非奇，则不能取胜；在攻守问题上，突破了消极防御的思想，提倡“以战代守，以击解围”。[①]

其四，充分认识到武器装备在作战中的作用。《武经总要》在前集的十至十三卷中，比较全面具体地介绍了古代各种武器装备，并绘制了相应的图形。其中还收录了我国最早配置成功的火药配方、最早应用于作战的火器及其制造和使用方法。

其五，针对宋代骑兵落后于辽和西夏的状况，《武经总要》充分肯定了骑兵在战争中的作用，并具体分析了骑兵的特点，认为骑兵“能合能离，能寇能追”[②]，机动性强，认为要抵御敌人就必须重视骑兵。

《武经总要》广辑军事资料，以图文结合的形式较完整地记载了北宋前期的军事制度、军事器具，并将军事理论和战例故事相结合，来阐释用兵得失，内容十分广博丰富，确实是一部武学方面的“总要”。它对于我国军事学术史和兵器史的研究具有较高的史料价值，在我国兵书发展史上具有开拓性意义。

十二、《百战奇略》

《百战奇略》，又称《百战奇法》，是一部专门以阐述作战原则和作战方法为主要特色的兵学论著。相传为明代刘基所著。刘基是明朝开国元勋，通晓经史诗文、天文地理，尤精于兵法韬略。据史书记载，他一生有多种著作，但无论年谱还是传记，都没有记载他留下什么军事著作。因此，对于该书的作者

① （宋）曾公亮、丁度：《武经总要·前集》卷四。
② （宋）曾公亮、丁度：《武经总要·前集》卷四。

和成书年代，学术界争议很大。虽然其作者不能确定，但其学术价值是不容忽视的。

《百战奇略》“其命名立法多出孙武子、《武经七书》”[①]。有学者统计，该书所援引的百条古代兵法（即“法曰”引文）中，有87条出自《武经七书》，而其中引自《武经七书》之首《孙子兵法》的达60条之多，占全书所引古代兵法总条数的60%，占所引《武经七书》条数的69%。因此，《百战奇略》“以《孙子》为经”的论断是符合实际情况的。[②]

《百战奇略》继承了《孙子兵法》的许多兵学思想。比如继承了孙子“先计后战”的思想，强调“用兵之道，以计为首”[③]，认为了解和分析敌人的实际情况是作战的前提。只有在“计料已审”之后出兵，才能无往而不胜；继承了孙子“示形”的思想，主张对敌作战要根据敌我的强弱、虚实、众寡等的不同，“示形”以迷惑敌人，诱使敌人上当。

但《百战奇略》的可贵之处不在于它继承了孙子的思想，而在于它对孙子思想还有进一步的发展。《百战奇略》认为，在我强敌弱、我众敌寡，有胜利把握的情况下，可以采取速战速决的进攻战；但在敌强我弱、敌众我寡，没有胜利把握的情况下，则应采取防御战，要据深沟高垒，静守待敌，等到敌军力消气竭之时，再与之决战。这比孙子单纯强调速胜，无论在认识上还是实践上，更前进了一步。又如，孙子主张“穷寇勿迫”，而《百战奇略》则认为对于“虽退走，非败也，必有奇也”的敌人，不要忙于追击，应该“整兵缓追”，以防中了敌人的“奇”而上当，但是对于确实溃败的敌人，则应该“纵兵追击”，力求歼灭。[④]这种区别不同情况来决定是否追击的作战指导思想，显然比孙子片

① （宋）李赞：《武经总要·百战奇法序》。
② （明）刘基著：《刘基的军事智慧——百战奇略》，东北师范大学出版社2012年版，第3页。
③ （明）刘基：《百战奇略·计战》，吉林文史出版社2004年版。
④ （明）刘基：《百战奇略》之《逐战》《穷战》《饱战》。

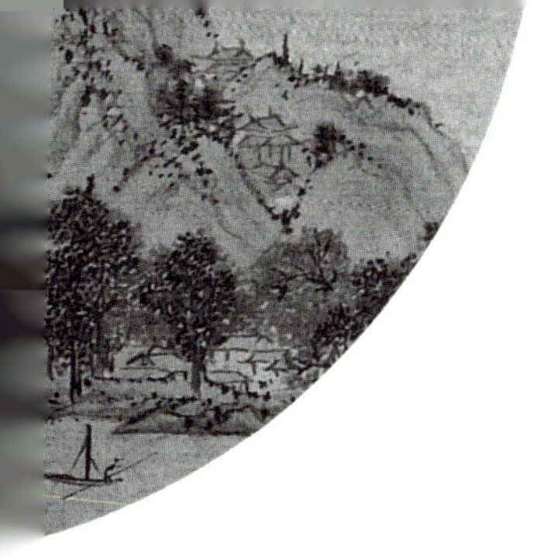

面地强调“穷寇勿迫”更符合战争实践的需要。

《百战奇略》不仅继承和发展了古代的兵学思想，还搜集了大量古代战争战例。据统计，它搜集了自春秋到五代时期散见于21种史籍的各种类型的战事达百例之多。这些战例，大都有战争发生的时间和资料来源，为后人检索战争资料提供了便利。

《百战奇略》一书还有一个鲜明的特点，即列举了军事斗争领域存在的对立统一关系，分篇立论，从各个不同角度论述战法问题，比如众战与寡战、赏战与罚战、主战与客战、强战与弱战、昼战与夜战、攻战与守战、奇战与正战、虚战与实战、饱战与饥战、劳战与逸战、分战和合战、安战和危战等等，提出了在不同情况下的作战原则和方法，为后人以辩证的观点研究战争提供了极好的借鉴。

《百战奇略》自产生以来，就为历代兵家所重视，并一再刊行，广为流传。明代李赞称该书“极用兵之妙，在兵家视之，若无余策”①；崇祯年间邹复认为“以此书教战于昔人，用兵之妙思过半矣”，倘若“神明而善用之，虽以百战而百胜可也”。从这些赞语可以看出该书在我国兵学发展史上的影响和地位。

十三、《纪效新书》

《纪效新书》（见图5-6），出自明代抗倭名将戚继光之手，是他在东南沿海平倭期间练兵和治军经验的总结。该书论述了练兵的必要性和重要性，并提出了一套较为完整的练兵理论和计划，是一部讲求实用的兵书。《纪效新书》有十八卷、十四卷两种版本。两种版本不仅卷数不同，而且篇目和内容也有差异。有学者认为，十八卷本成书于嘉靖三十九年（1560年）前后，十四卷本是

① （宋）曾公亮、丁度：《武经总要·存战奇法序》。

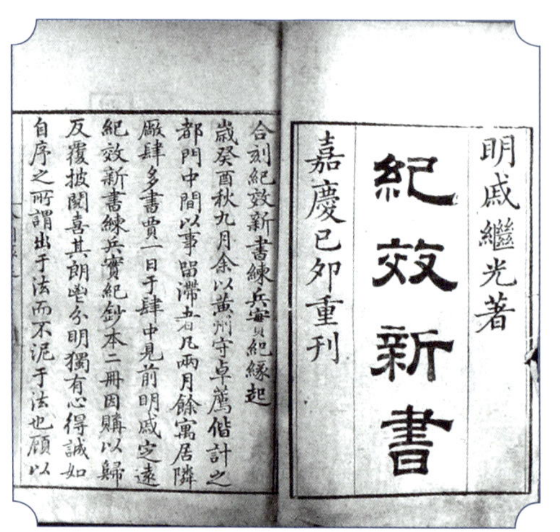

明戚繼光著

紀效新書

嘉慶己卯重刊

合刻紀效新書練兵實紀緣起

歲癸酉秋九月余以黄州守卓薦偕計之

都門中間以事留滯者几兩月餘寓居隣

厰肆多書賈一日于肆中見前明戚定遠

紀效新書練兵實紀鈔本二冊因購以歸

反覆披閱喜其朗豁分明獨有心得誠如

自序之所謂出乎法而不泥乎法也顧以

图 5–6 《纪效新书》书影（清嘉庆已卯重刊本）

戚继光晚年的手校本，成书于万历十三年（1584 年），吸取了十八卷本和《练兵实纪》的精华，补充了新的内容。[①]也有观点认为，此书初编 14 卷，台州大捷后，又补入新内容，扩充至 18 卷。[②]

《纪效新书》重视选兵，对如何选择士卒有着精当的分析。对于选兵的具体标准，书中提出“丰伟”“武艺”“力大”“伶俐”等几方面既不可偏废，亦不可专恃，但是最主要的标准应该是胆气。胆气是支配和运用其他优秀品质的基础性品格，失去胆气，其他一切好的素质都难以充分发挥。因此，选拔兵士，应以胆力为首，兼及其他。该书还认为，选择精兵时切忌不可用城市油滑之人，这些人奸巧有余而诚信不足，应该选“乡野老实之人”，这些人粗壮有力，能耐辛苦，作战勇敢。[③]

在练兵方面，《纪效新书》强调按实战要求进行训练，反对华而不实、徒具形式的花架子。该书认为，练兵应该从最基础的地方，即单个士兵的演练开始，包括练心力（意志）、练手力（熟练掌握各种兵器）、练足力（行军）、练身力（负重），对士兵要定期考核，奖优罚劣。此外，书中还就营阵训练、水师训练制订了严格的计划。

① 参见范中义：《十四卷本〈纪效新书〉的成书时间和内容》，张舜徽主编：《中国历史文献研究》（2），华中师范大学出版社 1988 年版，第 127 ～ 136 页。

② 白寿彝总主编：《中国通史》第 9 卷，上海人民出版社 2004 年版，第 1671 页。

③ （明）戚继光：《纪效新书》（十八卷本）卷一《束伍》。

《纪效新书》重视兵器在战争中的作用。书中以大量篇幅记述了各种兵器的制造、形制、样式、作用、习法等，并深入探讨了长短兵器的使用，提倡武器的配备要“长短相杂，刺卫兼合”[①]，武器的使用上要长兵短用、短兵长用，即用长兵器要在较近的有效距离内实施攻击；用短兵时则先用标枪袭敌，然后乘敌躲闪之机杀入。戚继光创制的“鸳鸯阵”正是一种长短结合的新型阵法。除此以外，书中还记录了当时火药的配置技术。

《纪效新书》既是一部实际练兵经验的总结，又反映了冷兵器与火器并用时代军队训练和作战的特点，语言通俗，文图结合，在理论上和实践上都有较高的价值，对后世影响较大。此后明代的许多兵书都大量引用过该书中的军事思想和练兵、作战原则。

十四、《三十六计》

《三十六计》是一部近年来影响较大、流传甚广的兵家权谋书。“三十六计”一词，语源于南北朝时期。《南齐书·王敬则传》记载：“敬则曰：‘檀公三十六策，走是上计。汝父子唯应急走耳。’”这里的“檀公”就是指南北朝时期著名的军事家檀道济。据此，“三十六策，走是上计”出自檀道济。意思是，在败局已定、无可挽回的情况下，唯有退却方为上策。此语后来沿用至今，成为众人皆知的成语。不过，该书究竟为何人何时所撰，难以确考，一般认为此书是在明末清初之际积累成书的。今人所见《三十六计》，最先于 1941 年在甘肃邠州（今陕西邠县）一个书摊上发现，题下注称“秘本兵法”，原本系抄本，无时代，无撰者，以往公私藏书目录均未见著录。同年由成都瑞琴楼兴华印刷所用土纸翻印。此后开始流行。

① （明）戚继光：《纪效新书》（十八卷本）卷一《束伍》。

《三十六计》全书不分卷，共分六套、三十六计，前冠一段“总说”，后附有“跋语”。六套计中，前三套计即胜战计、敌战计、攻战计，是处于优势地位时所用之计；后三套计即混战计、并战计、败战计，是处于劣势地位时所用之计。每套各包含六计，共三十六计。每计有三个组成部分：序号和计名、解语、按语。计名有的源于古代兵书，如“声东击西”“以逸待劳”等；有的出自历史典故，如“瞒天过海”“围魏救赵”“暗度陈仓”“假道伐虢”“空城计”等；有的取自古代文学作品，如“擒贼擒王”“李代桃僵”等；有的借用日常用语，如“金蝉脱壳”“反客为主”“指桑骂槐”等；剩下的出自其他方面，不一而足。解语是以点睛之笔阐释本计的要义、适用条件和实施方法。按语多引用宋代以前的著名战例以及孙子、吴起等人关于战略战术的精辟论述，对计名和解语进行阐释和发挥。

《三十六计》在内容上主要体现出以下特点：

该书认为战争是有规律可循的。“夫战争之事，其道多端。强国、练兵、选将、择敌，战前战后，一切施为，皆兵道也。惟比比者，大都有一定之规。而其中变化万端、诙诡奇谲、光怪陆离、不可捉摸者，厥为对战之策。”意思是关于战争之事，内容极为丰富，例如强国、练兵、选将、择敌以及战前战后的一切施为等，都是军事工作，都已经形成了一定的规律。而战争策略变化多端，不易捉摸，将帅需要潜心研究，运用各种诡诈之术，以转败为胜。这就是作者编撰《三十六计》的目的所在。

该书继承和发扬了前人“以易演兵”的传统。多数解语依据《易经》的阴阳变化之理，推演兵法中的刚柔、奇正、攻守、进退、虚实、主客等的相互转化，从而使全书体现出浓厚的辩证法色彩。例如“瞒天过海”计说：“备周则意怠，常见则不疑。阴在阳之内，不在阳之对。太阳，太阴。”意思是说，阴阳不是绝对对立的，而是相互渗透的。秘计（阴）往往隐藏在公开暴露（阳）的事物之中，阴谋和阳谋是相反相成的。“李代桃僵”计说：“势必有损，损阴以益

阳。”意思是说，当战局发展到必然有所损失的时候，要不惜牺牲阴（指细微的、局部的方面），而保持阳（指带整体意义的、全局性的方面）。总之，阴阳刚柔的矛盾都是相互渗透和转化的，不能机械地对待。

该书将历代兵家的各种奇谋诡计概括归纳为三十六种计策，强调要以智谋取胜。这些计策大致有以下一些特点：一是充分利用敌人矛盾以取胜。如“连环计”中提出“将多兵众，不可以敌，使其自累，以杀其势”，意思是敌军兵力强大的时候，不可与其死打硬拼，应当设法让他们自相牵制，藉以削弱敌军势力。“借刀杀人”“反间计”等也都强调利用敌人的矛盾。二是大量运用示形之术。如“瞒天过海”“声东击西”“假痴不癫”“空城计”“苦肉计”等，都强调运用示形之术，诱使敌人产生错觉，然后伺机歼灭敌人。三是抓住战局的关键。如“擒贼擒王”计中提出“摧其坚，夺其魁，以解其体”的策略，认为摧毁敌人的中坚、抓获其首领，便可瓦解敌军整体。又如“美人计”中提出“兵强者，攻其将；将智者，伐其情”，也是强调将敌方的主将作为用计的对象。

总之，《三十六计》是一部集历代兵家诡道之大成的兵书，总结了以往战争中施计用诈的实践经验，包含有朴素的军事辩证法思想，有较高的参考价值。时至今日，它已经突破了军事领域，广泛运用于政治、经济、外交、社会生活等各个领域，成为国内外家喻户晓的著作。

十五、《曾胡治兵语录》

《曾胡治兵语录》是一部语录体兵书，是清末民初军事家蔡锷选辑清代咸丰、同治年间曾国藩、胡林翼二人的治兵语录，并加自己的按语而成。

曾国藩（见图5–7）[①]是晚清名臣，咸丰二年（1852年）为对抗太平天国革命军，

① 曾国藩著，王紫珊辑：《圣哲画像记》（附画传），世界书局1936年版，第249页。

图 5–7 曾国藩像

以礼部侍郎身份在湖南办团练，后扩编为湘军。经过多年鏖战后于同治三年（1864 年）攻灭太平天国。次年时任钦差大臣，对捻军作战，战败去职。胡林翼与曾国藩是同一时期人，道光三十年（1850 年）前后任贵州镇远府知府期间，镇压过苗民和李元发起义，重视训练保甲团练。后与曾国藩合作，镇压太平天国革命军。曾、胡二人虽都出身知识分子，但在长期与太平军交战的过程中，积累了丰富的作战经验，对如何选兵、练兵，如何交战等有独到的见解，并留下了较为丰富的兵学言论。蔡锷就是据此编成了《曾胡治兵语录》。

蔡锷是清末民初杰出的军事领袖，曾经响应辛亥革命，发动反对袁世凯洪宪帝制的护国战争。蔡锷一生虽然仅活了 34 岁，但他在军事理论方面颇有造诣。宣统三年（1911 年），蔡锷在云南训练新军时，深感新军风气败坏，纲纪废弛。恰好云南新军第十九镇统制钟麟同委托他编写一份“精神讲话”的教材，蔡锷认为曾国藩、胡林翼的治兵言论“多洞中窍要，深切时弊”[①]，于是辑录曾、胡二人的论兵言论，分类编辑成《曾胡治兵语录》，以此作为云南新军的“精神讲话”。

全书共 12 章，约 14000 字，前 10 章论治军中的种种问题，后 2 章谈战略战术中的一些重要问题。

《将材》章主要论述将帅应该具备的基本素质，认为选将必须要慎重，为将要具备勇敢和廉政两种品格，具体表现在才堪治民、不怕死、不急于名利、

① 蔡锷：《曾胡治兵语录・序》，巴蜀书社 1995 年版。

耐受辛苦等四个方面。特别强调要有“良心”“血性”。

《用人》章主要谈论对营、哨等中下级军官的选拔。强调用人不可求全责备，要善于用其所长，并在实践中对其进行培养和熏陶。

《尚志》《诚实》《勇毅》三章主要是谈论军人的修养和素质。认为将帅应该加强自我修养，要“有志”“有识”“有恒”，要淡泊名利。还提出作为一名军人应该谨守诚信品德，反对以权术驭人；要拥有具有浩然之气的大勇。

《严明》《公明》《仁爱》《勤劳》《和辑》五章主要是讲治兵的重要原则。曾、胡认为，军纪严明、赏罚适宜是克敌制胜的保证。又说，将帅身居高位，掌握生杀予夺之权，做事应出于公心，知人善任，以仁爱之心带兵。将与帅之间、将与将之间、军队与民众之间一定要和同齐一，这样军队才能形成强大的战斗力。

《兵机》《战守》两章谈论用兵的战略战术问题。主张战争必须有充分的准备，“简练慎出”；用兵要注重“全军”“破敌”，不要计较“得地”“攻城”；战争指导要“以静制动，以逸待劳，以整御散”；战法上重视奇正，认为“有正无奇，遇险而复；有奇无正，势极即阻”，攻防要“据险以守，节节为防”等。

第六章 军事谋略

军事谋略，即用来指导战争的智谋与方略，是“从客观实际出发筹划和指导战争的艺术，是巧妙运用战争规律以智驭敌的斗争方略，是以己之长击敌之短的集中反映和高度概括”[①]。战争不仅是敌对双方军事实力的较量，更是智力的角逐。军事谋略的本质就在于通过智谋的运用以最小的代价获取最大的胜利。

中国自古就有重视智谋的兵学传统。中国古代卷帙浩繁的兵书，大部分内容与军事谋略有关。西方人也注意到中国人尚谋的传统。美国学者戴维·莱伊说：“中国的战争和外交政策与西方截然不同：中国将重点置于战略和谋略，而西方依赖于占优势地位的武力和先进的军事能力。中国甚至将自己称为谋略的发源地，因为中国在古代就已拥有了世界军事经典之作《孙子兵法》，以及数量众多的军事典籍。虽然它们涉及军事的方方面面，但都强调运用战略和谋略。”[②]

军事谋略伴随着战争的产生而产生，又伴随着战争的发展而发展，在中国大致经历了一个从酝酿产生，到基本确立，再到充实完善的发展历程。

自原始社会末期到西周末年，是军事谋略的酝酿产生阶段。这一阶段，虽然西周时期“军礼”所崇尚的战场交锋的“正大不诈”，一度成为作战双方共同遵循的交战原则，但在战争实践中仍然产生了早期的军事谋略思想，如商汤灭夏、武王伐纣等，都采取了政治动员、阴蓄其力、争取与国、翦敌羽翼、运用间谍等方略。大约产生于西周时期的兵书《军志》《军政》中已有谋略思想的记载，如“允当则归”“见可而进，知难而退”“先人有夺人之心，后人有待其衰”等。

春秋战国时期，是军事谋略基本确立的阶段。这一时期，战争日趋激烈频繁，作战地域不断扩大，作战样式更加复杂，这些都推动了兵学文化的发展和兵学

① 转引自高润浩：《中国古代军事谋略文化》，白山出版社 2012 年版，第 1 页。

② ［美］戴维·莱伊普，张宏飞编译：《“势”——中国战略思维的精华》，《世界安全丛书》2004 年第 10 期，第 43 页。

思想的繁荣。《孙子兵法》《吴子兵法》《司马法》《孙膑兵法》《六韬》《尉缭子》等一大批对后世影响深远的兵书纷纷涌现。这些兵书无不主张以谋略制胜。如《孙子兵法·谋攻》篇说："上兵伐谋，其次伐交，其次伐兵，其下攻城。"《六韬·龙韬》篇说："故善战者不待张军，善除患者善理于未生，善胜敌者胜于无形，上战无与战。"欺敌误敌、示形动敌、避实击虚、攻其不备、集中兵力、因敌制胜等重要的军事谋略在这些兵书中均已提出，我国军事谋略基本确立。

秦汉至明清时期，是军事谋略的充实完善阶段。这一时期，"在军事谋略方面没有出现体系性的突破，只是在一些具体内容上有较大的充实和提高，如对某些重要军事范畴的阐释多有创见，如对久速、奇正、虚实、形势、攻守等都有高于前人的认识；在战略谋划上有较大发展，如统一战略的制定和实施；骑兵作战指导原则的运用。但是，总体上说，直到清代军事谋略并没有突破孙子兵学的思想框架，缺乏实质性发展，已开始滞后于世界的发展特别是世界军事近代化的进程"①。

古代军事谋略思想产生的年代，虽然距离我们现在的生活颇为久远，但这些思想的价值却没有因时代的变化而降低，其中所蕴含的战争的基本原理和原则对于现代战争的指挥，乃至人们的社会生活，仍然有着重要的借鉴和指导作用。

一、先计后战

先计后战，是古代兵家所一贯倡导的作战原则，也是古代"慎战"思想的一项重要内容。战争是关系着国家存亡、民众生死的大事，必须慎重对待，在作战之前就要对敌我双方的各方面条件进行多方考量，绝不能打无准备之仗。正如《管子·七法》云："故凡攻伐之道也，计必先定于内，然后兵出乎境。

---

① 高润浩：《中国古代军事谋略文化》，第 7 页。

计未定于内而兵出乎境，是则战之自败，攻之自毁也。”《孙子兵法》将这一计算谋划的过程称为“庙算”（见图 6–1）[①]，《淮南子·兵略训》称为“庙战”。战争计算做得周到与否，对战争结局有重大影响。如果战前经过周详的考虑研究，己方的优势条件多，战争的胜算就大；反之，胜算就小。如果战前毫不计算，贸然出兵，企图侥幸取胜，则必败无疑。计算越周详，对战争发展趋势的预测就越准确，在制定作战计划时就会更加有的放矢，取胜的可能性就越大。

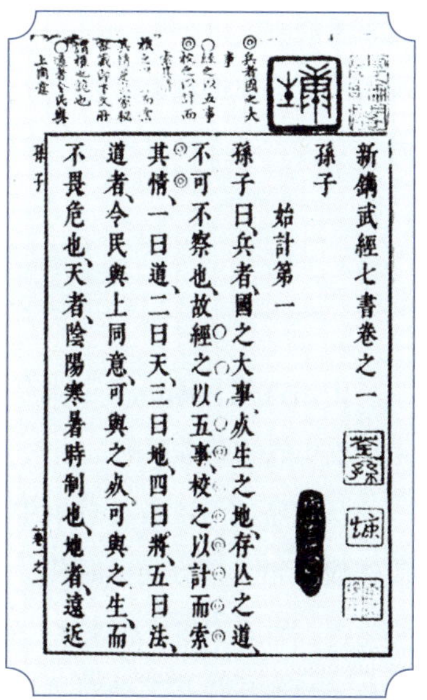

新鐫武經七書卷之一

孫子

始計第一

孫子曰兵者國之大事死生之地存亡之道不可不察也故經之以五事校之以計而索其情一曰道二曰天三曰地四曰將五曰法道者令民與上同意可與之死可與之生而不畏危也天者陰陽寒暑時制也地者遠近

图 6–1 《孙子兵法》书影（明天启元年刻《武经七书》本）

三国时期诸葛亮的《隆中对》，可谓“先计后战”的典范。东汉建安十二年（207 年），依附于刘表的刘备在徐庶的建议下，到隆中拜访诸葛亮。经过三顾茅庐，终于得见。刘备向诸葛亮请教统一天下的大计。诸葛亮认为刘备是与他志同道合、足可信赖的明主，便向刘备分析了天下形势以及荆州和益州的战略地位，即“自董卓已来，豪杰并起，跨州连郡者不可胜数。曹操比于袁绍，则名微而众寡，然操遂能克绍，以弱为强者，非惟天时，抑亦人谋也。今操已拥百万之众，挟天子而令诸侯，此诚不可与争锋。孙权据有江东，已历三世，国险而民附，贤能为之用，此可以为援而不可图也。荆州北据汉、沔，利尽南海，东连吴会，西通巴、蜀，此用武之国，而其主不能守，此殆天所以资将军，将军岂有意乎？益州险塞，沃野千里，天府之土，高祖因之以成帝业。刘璋暗弱，张鲁在北，

① 吴希贤辑汇：《历代珍稀版本经眼图录》，中国书店 2003 年版，第 159 页。

民殷国富而不知存恤，智能之士思得明君”[①]，然后提出了先取荆州、后取益州、进而图定中原的战略计划。诸葛亮的这一分析和谋划为以后刘备集团的发展指明了方向。刘备集团之后的种种攻略皆基于此。

二、速战速决

中国古代兵家历来主张夺取战争胜利的主要手段是主动进攻，而速战速决是进攻作战的基本原则。

从战略的角度看，战争中实施战略进攻的一方无不主张速战速决。因为古代作战，尤其是冷兵器时代，进行一场战争需要消耗大量的粮草、器械、车马等物资，如果不能速战速决，军士疲乏厌战，物资供应不及，后果将十分严重。《孙子兵法·作战》曾对进行一场战争的消耗进行过详细的论述，认为“带甲十万”，越境而师，要“日费千金”。战争如果久拖不决，轻则军队疲惫，丧失锐气，兵力耗尽；重则国家财政困难，资源枯竭，民怨沸腾；严重者其他诸侯国会乘虚而入。而国家一旦陷入这种内外交困的境地，任何人都无法挽救。基于此，《孙子兵法》提倡用兵贵“速”不贵“久”。

从战术的角度看，主动进攻，对敌人发起突然迅速的攻击，可以乘敌不备、出敌不意地打乱敌方的作战部署，使敌人来不及抗拒就被击败。明代兵书《武编》对此有一个较为形象的比喻：“兵之以速为策者，其机在速。譬犹猎者之逐兽，兔起鹘落，少纵则失之。”[②]意思是说，军队作战以速决为指导方针，好比猎人打猎，必须抓住兔子跃起和鹘鸟落地的一刹那进行射击，稍一松懈就错失良机。因此，用兵作战必须要抓住战机，速战速决。

① 《三国志·蜀书·诸葛亮传》，中华书局 1982 年版。

② （明）唐顺之纂辑：《武编》前卷二《战》，程素红主编：《中国历代兵书集成》，团结出版社 1999 年版，第 1847 页。

三国时期司马懿平定孟达之叛，就说明了速胜的重要性。孟达原为蜀将。关羽被围樊城、襄阳时，曾请求孟达派兵援助，但遭到他的拒绝。后来，在关羽被杀之后，孟达怕被蜀国问责而降魏，被任命为新城太守。蜀汉建兴五年（227年），孟达被诸葛亮说服重归蜀汉，并计划进攻洛阳。屯兵于宛城的司马懿得知这一情况，准备征讨。按规定，他应该先上报魏明帝，接到旨意后再行动。但从宛城至洛阳往返一趟至少需要半个月时间，从宛城再到孟达起兵的上庸（属新城）又要10多天，如果接到旨意后再行动，就会错过战机。司马懿果断行事，一面写信安抚孟达，一面上报魏明帝，同时暗中遣军进讨。司马懿率大军昼夜兼程，8天就赶至上庸城下。孟达原以为司马氏的大军至少要30日后才能达到，所以没有防备。面对来势凶猛的魏军，孟达写信给诸葛亮，惊叹道："吾举事，八日而兵至城下，何其神速也！"司马懿兵分八路攻城，仅16天就迫使孟达的外甥邓贤、部将李辅开城投降。魏军入城，擒斩孟达，传首京师，俘获万余人。

这次平叛战争充分展示了"兵贵神速"的重要性。可以设想，如果司马懿犹豫迟疑，等到魏明帝的命令再起兵，那么这次战争就是另外一种结局了。

三、胜于易胜

胜于易胜，是指把战争胜利建立在容易取胜的基础上。这是指导战争全局的重要战略原则。兵家认为，真正的善战者，总是要先积蓄力量，使自己处于不败之地，同时通过战前的谋划使敌人败象环生，处于失败的境地，营造我方必胜的形势。这样胜利的取得便是很容易的了。"胜于易胜"之所以较之"胜于难胜"更受到兵家的重视，是因为在战前已经创造了己方必胜的条件，这样在战争的过程中己方就不会有太多的损失和危险。如果战前没有创造己方必胜的条件，在战争中一味崇尚那种"杀人一千，自损八百"的拼死激战，必定会给国家和军队带来灾难。胜于易胜，其实质是强调不通过激烈拼杀、浴血奋战

的手段取胜，重在以智克力，力争以最小的代价获取最大的胜利。如何才能达到“易胜”？关键在于在战前、在战场之外，就设法使敌人的力量得到最大程度的削弱，做到“先弱敌而后战”。

中国历史上的西晋灭吴战争，可以说是对“胜于易胜”思想的成功实践。在这次战争中，西晋政治家羊祜是个关键人物。晋武帝称帝后，积极筹划灭吴战争。泰始五年（269 年），羊祜被任命为尚书左仆射、卫将军都督荆州诸军事，后授征南大将军、开府仪同三司。在镇守荆州期间，羊祜为灭吴做了大量的准备。他一方面发展生产，缮甲训卒，做好了伐吴的物质和军事准备；另一方面，采用攻心之策，广施仁义，怀柔人心，吸引了大量吴人的归附。在条件成熟后，又不失时机地奏请伐吴，并提出了水陆俱下、六路进军的作战计划，但因朝臣的反对而作罢。咸宁五年（279 年），也就是羊祜病故的第二年，晋军按照羊祜先前制定的作战计划，出兵伐吴，一举消灭吴国。[①]（见图 6–2）当平定吴国的消息传到洛阳，晋武帝激动得泪流满面，说：“此羊太傅之功也。”[②] 正是羊祜的前期准备创造了晋军必胜的条件，后来的伐吴之战才会如此顺利！

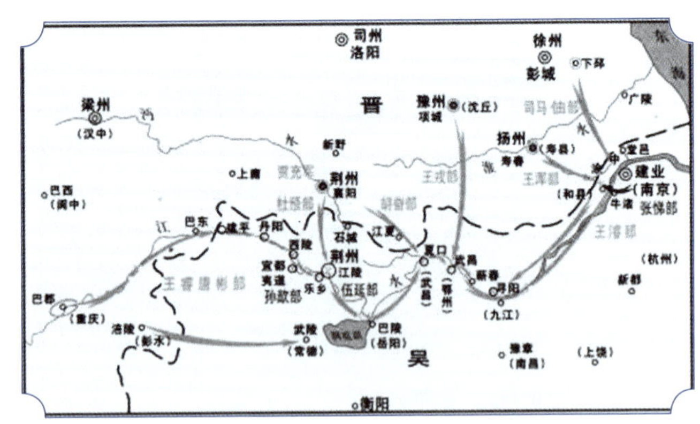

图 6–2　晋灭吴之战示意图

① 采自翟文明主编：《中国全史》第 1 卷，光明日报出版社 2002 年版，第 31 页。

② 《晋书·羊祜传》，中华书局 1974 年版。

四、因敌制胜

因敌制胜，是指战争中要根据敌人的实际情况来制定作战策略，以夺取战争的胜利。这是指导战争的根本原则。《孙子兵法·虚实》中曾用水来阐明用兵打仗的道理："夫兵形象水，水之形，避高而趋下；兵之形，避实而击虚。水因地而制流，兵因敌而制胜。"水是根据地势的高低决定其流向，就像用兵时根据敌人的具体情况决定战法。南宋抗金名将岳飞也说："阵而后战，兵法之常，运用之妙，存乎一心。"[①]岳飞说的"妙"，就是作战的灵活性。（见图 6–3）因为在实际交战中，战场的形势是不断变化的，每次交战的对手都有各自的特点，所以没有一成不变的战法。只有根据敌情变化不断调整战法，才能达到用兵如神。《孙子兵法·九变》《吴子兵法·应变》《孙膑兵法·威王问》等，都是谈论因敌制胜、灵活用兵的专篇。因敌制胜的谋略思想，对于在战争中如何制定作战目标、确定作战方向和指导军队的作战行动，具有重要的指导意义。

图 6–3　岳飞设计败金兵

东汉安帝元初二年（115 年），陇西一带的羌人起兵进攻武都（今甘肃成县西），东

① 《宋史·岳飞传》。

汉朝廷擢升虞诩为武都太守，镇压羌人的起义。虞诩率3000兵马往武都。羌军听说汉朝派虞诩前来征讨，就在陈仓道上崤山山谷凭险设防，拦截虞诩。虞诩得知后，马上下令“停军不进，而宣言上书请兵，须到当发”。羌军听说以后，便分兵到附近各州县去抢掠。虞诩乘羌军兵力分散的机会，日夜兼程，行进百余里。他让官兵每人各垒两个灶，以后每日增加一倍。有人不明白其中的道理，就问虞翊：“孙膑减灶而君增之。兵法日行不过三十里，以戒不虞，而今日且二百里。何也？”虞诩答道：“虏众多，吾兵少。徐行则易为所及，速进则彼所不测。虏见吾灶日增，必谓郡兵来迎。众多行速，必惮追我。孙膑见弱，吾今示强，埶有不同故也。”[①]果然不出虞诩所料，羌兵发现虞诩的人马溜走了，先是急忙追赶，后来看见汉军用的土灶越来越多，就没敢追上来。

虞诩、孙膑虽然都是以灶为计，但用法相反，一个是增灶示强以阻敌追击，一个是减灶示弱以诱敌追击，却都达到了克敌制胜的目的，充分体现了“因敌制胜”的作战原则。

五、造势任势

造势任势，是指在战争中要善于创造和顺应有利的作战态势，以出奇制胜地打击敌人，达到预期的作战目标。这是古代战争中常用的一种军事谋略。所谓“势”是一个很宽泛的概念，古代兵家对此多有论述。如《孙子兵法·计》篇曰：“势者，因利而制权也。”《史记·孙子吴起列传》载孙膑曰：“善战者，因势而利导之。”《淮南子·兵略训》中有“气势”“地势”“因势”；《虎钤经》又分为“乘势”“气势”“假势”“随势”“地势”。一般来说，“势”主要是指军事力量的合理组合、积聚和运用，充分发挥其威力，表现为有利的

① 《后汉书·虞诩传》。

态势和强大的冲击力。换句话说，“势”是战争指导者根据一定的作战意图，匠心独运，灵活地部署使用兵力和正确变换战术所造成的有利作战态势。[①] 这种创造有利作战态势的过程就是“造势”，“任势”则是指在作战中要顺应和利用有利的态势。

在战争中，造势是争夺主动权的关键。如何造就对己方有利的态势？关键在于学会“示形”。“示形”就是隐蔽自己的真实情况、真实企图，以假象示敌，以迷惑和欺骗敌人，使敌人对战场情况作出错误的判断，采取错误的行动，从而达到消灭敌人、保全自己的目的。“示形”的方法有很多。如《孙子兵法·计》所说“能而示之不能，用而示之不用，近而示之远，远而示之近”；《淮南子·兵略训》所说“示之以柔而迎之以刚，示之以弱而乘之以强，为之以歙而应之以张，将欲西而示之以东”；明西湖逸士撰《投笔肤谈·兵机》所说“愚之使敌信之，诳之使敌疑之，韬其所长而使之玩，暴其所短而使之惑，谬其号令而使之聋，变其旗章而使之瞽”等等。

古代优秀的军事家大都善于通过示形以造势。东汉建安五年（200 年）春，袁绍派大将颜良作前锋，率兵东进，包围了曹操部将刘延镇守的白马城，曹操闻讯，十分焦急，准备亲率大军救援。但谋士荀攸认为，在敌众我寡的形势下直接北出救援是不利的。他建议不如引兵到延津，伪装成渡河袭击袁军后方的样子，诱使袁绍分兵延津，然后乘其兵力分散之隙，派兵袭击围攻白马的袁绍军。曹操依行其计，袁绍果然分兵向西，挺进延津。曹操趁机引兵向白马疾进，颜良大为震惊，仓促迎战。结果颜良被斩杀，袁军大败溃散，白马之围遂解。此次战役中，曹操兵力本不及袁绍，可他通过声东击西的方式，分散了袁绍的兵力，从而形成了对己方有利的作战态势，最终成功解了白马之围。

---

① 高润浩：《中国古代军事谋略文化》，第 82 页。

六、致人而不致于人

致人而不致于人，是中国古代具有普遍指导意义的作战指导思想。致人，就是调动敌人；致于人，就是被敌人所调动。致人而不致于人的实质就是争夺战争的主动权。主动权可谓是决定战争胜负的关键。正如毛泽东所指出："一切战争的敌我双方，都力争在战场、战地、战区以至整个战争中的主动权，这种主动权即是军队的自由权。军队失掉了主动权，被逼处于被动地位，这个军队就不自由，就有被消灭或被打败的危险。"[①] 两军相争，谁能调动对方，谁就占据主动，谁就能取胜；谁失去了主动，谁就有失败的危险。因此，历代军事家、战略家十分重视主动权的争取。《尉缭子·战威》说："善用兵者，能夺人而不夺于人。"《淮南子·兵略训》说："凌人者胜，待人者败，为人杓者死。"唐代军事家李靖对此评价最高，他说："（兵法）千章万句，不出乎'致人而不致于人'而已。"[②]

战争的主动权不是空想得来的，而是综合实力的强弱、装备的优劣、环境的利弊等客观条件创造得来的。当然，一个优秀的将领，即使处于劣势下，也能运用计谋，摆脱被动，争取主动。古代兵家提出的"先为不可测""以迂为直，以患为利""利之""害之""攻其必救""乖其所之""变客为主""以佚待劳"等等，都是夺取主动权的方法。

东汉明帝时期班超出使西域时就曾成功运用"致人而不致于人"的原则，争取到鄯善国归附汉朝。班超奉命出使西域，联络西域各国共同抗击匈奴。班超一行人首先来到鄯善国，鄯善王对班超等人礼敬备致。几天后，匈奴使者也

① 《毛泽东选集》第 2 卷，人民出版社 1990 年版，第 379 页。

② 《唐太宗李卫公问对》卷中。

来到鄯善国，鄯善王改变态度，对班固等人变得疏懈冷淡。班超发觉后，与部下商量对策。当时班超部下仅有36人，但班超果断决定："不入虎穴，不得虎子。当今之计，独有因夜以火攻虏，使彼不知我多少，必大震怖，可殄尽也。灭此虏，则鄯善破胆，功成事立矣。"①这天深夜，班超率随从直奔北匈奴使者驻地，先是顺风纵火，接着30多个人猛敲战鼓，大声呐喊，一同杀出。匈奴使者被杀死的有30多人，其余的都葬身火海。第二天，班超把匈奴使者的首级给鄯善王看，鄯善王大惊失色，举国震恐。班超好言抚慰，鄯善王表示愿意归附汉朝，建立友好关系。

班超在这次出使鄯善国的过程中，面对匈奴来使的突发情况，在人数不足的情况下，先发制人，杀掉匈奴使者，占据了主动权，从而取得了出使西域的第一个胜利。

七、我专敌分

我专敌分是古代兵家在战争实践中总结出来的一条重要的军事谋略。专，就是专一、集中；分，就是分散。我专敌分，意思是集中自己的兵力，分散敌人的兵力。冷兵器时代，军事实力很大程度上体现在参战人员的数量上，兵多则力强，兵少则力弱。所以就要依靠集中兵力，才能占据优势。当然，这并不是说在实际交战中，人数多就必然会取胜，兵力少的一方如果能够设法分散敌人的兵力，使敌人的部队前后不相策应，上下不相援救，敌人的力量就会因分散而被削弱，而己军则集中兵力于一处，这样就会在局部造成我众敌寡的局面，己方就容易取胜。

历代兵家十分重视我专敌分这一谋略。如《孙膑兵法·客主人分》说："能

① 《后汉书·班超传》。

分人之兵，能按人之兵，则锱（铢）而有余。不能分人之兵，不能按人之兵，则数倍而不足。”《淮南子·兵略训》中也说：“将众而用寡者，势不齐也；将寡而用众者，用力谐也。”

如何做到我专敌分呢？关键要学会“示形”。所谓“示形”，即以假象示敌，以迷惑和欺骗敌人，设法使敌人暴露真实的情况而隐藏我方真实的形迹意图，使敌人对我方的虚实捉摸不定。由于我方掌握了敌方的虚实所在，就可以集中兵力，攻打敌人。而敌方对我方信息不明，无法了解我方进攻的时间，主要的进攻方向，不得不分兵把守，处处设防，结果只能是“无所不备，无所不寡”，敌人的力量因分散而被大大削弱。我方兵力集中，敌人兵力分散，这样就会造成我众敌寡的态势，我方就容易取胜。

明清之际的萨尔浒之战，就是对集中兵力作战指导思想的很好体现。明万历四十七年（1619 年），明将领杨镐率 40 万（实际兵力在 17 万左右）大军兵分四路攻打后金。当时努尔哈赤八旗兵力仅 6 万余人，面对明军四路围攻，努尔哈赤决定采取“凭你几路来，我只一路去”的集中兵力、逐路击破的作战方针。当时，明军四路军中西路杜松军出抚关东进，进展迅速，而其他几路明军进展迟缓。于是，努尔哈赤集中八旗兵力，首先迎击孤军深入、欲立首功的明军主力西路军杜松部，勇而无谋的杜松战死，西路军全军覆没。接着，努尔哈赤将兵北至尚间崖，击败北路军马林部。随后，努尔哈赤回师南下，诱敌深入，在阿布达里围歼刘铤的东路军，刘铤兵败身死，努尔哈赤乘胜击败其后续部队。杨镐坐镇沈阳，掌握着一支机动兵力，但对三路明军未做任何策应。闻知三路军惨败，急令南路军李如柏撤回。当李如柏接到撤退命令时被后金哨探发现，后金哨探在山上鸣锣发出冲击信号，大声呼噪。李如柏军误以为是后金主力发起进攻，于是惊恐溃逃，自相践踏，死伤 1000 余人。后金军队以劣势兵力，仅用五天时间连破三路明军，歼灭明军 45800 余人，文武将吏死者 310 多人，缴获驼马甲仗无数，取得了决定性胜利。这就是历史上著名的萨尔浒之战。

这次战役明军的失败是由多种因素造成的。仅从战术方面来看，明军兵分四路，分散了自己的兵力，将兵多力强的优势转化为劣势，犯了兵家之大忌。而此时，努尔哈赤则采取集中兵力、逐路击破的正确作战方针，形成了局部的对敌优势，最终取得胜利。

八、出奇制胜

出奇制胜，就是运用与众不同的手段，以出人意料的斗争谋略与方法取胜于敌。这是用兵作战的常用战术，也是克敌制胜的法宝。在战争实践中，“奇”和“正”是紧密联系在一起的。《孙子兵法·势》篇曰：“以正合，以奇胜。”“三军之众，可使必受敌而无败者，奇正是也。”那么，何为“奇”？何为“正”？一般认为，在兵力使用上，担任守备、箝制的为“正兵”，机动、突袭的为“奇兵”；在作战方式上，正面进攻、明攻为“正”，迂回、侧击、暗袭为“奇”；在作战方法上，按一般原则作战为“正”，采取特殊战法为“奇”。正兵重在牵制敌人的兵力，使交战双方形成相持和对峙；“奇兵”重在用异于传统、异于常规的战法去战胜敌人。可以说，“正”是“奇”的基础，而“奇”是克敌制胜的关键。

“奇”与“正”是相对而言的。但在一定条件下，二者既相互配合，又可以相互转化，即“奇”可以变为“正”，“正”也可以变为“奇”。我方欲出“奇”，而敌方已经预料到我方的行动，“奇”就不“奇”了，就变成了“正”；我方欲为“正”，而敌方却以为我方会以奇特的方式处理事情，这样“正”就起到了“奇”的作用，就会达到出奇制胜的效果。也就是说，“奇”与“正”能否相互转化，全看对方上当不上当，料到料不到，料到了就是“正”，料不到就是“奇”。作为一名战争的指挥者，只要深谙奇正之间的辩证关系，根据战场形势的变化灵活运用“奇正”战术，将“奇兵”和“正兵”相互配合，“常法”和“变法”交互为用，就能够时刻掌握战争的主动权，攻守自如，克敌制胜。

在中国古代，对“奇正”战术运用得最灵活的，莫过于唐代的张巡。张巡是唐代安史之乱时雍丘城的守将。安史之乱时，叛军将领令狐潮率4万大军攻打雍丘城。当时雍丘守军不过2000人。在1:20的绝对劣势下，雍丘将士十分恐慌，纷纷请求弃城投降，但张巡却信心十足地劝大家：“贼知城中虚实，有轻我心。今出不意，可惊而溃也，乘之，势必折。”①

雍丘被围日久，城中粮食日渐缺乏。这时，恰好有数百艘为叛军补给的运粮船，停靠在河边，尚未卸粮。于是，张巡计划劫粮。当天夜里，张巡把军队集中到城南，佯装出战。令狐潮急忙把军队调到城南来抵拒张巡军。张巡知叛军完全调到城南后，另派一支精兵从另一个城门悄悄出城，到达河边劫走了粮草，拿不走的便一把火烧掉。等叛军惊觉，回头救粮时，运粮船已被抢烧一空了。

与叛军对抗时间一长，张巡军队面临严重的缺箭危机。于是张巡又设法去敌军“借箭”。他经常趁深夜敌人疲惫熟睡时，将敢死队缒下城去，偷偷摸进敌营砍杀，搞得叛军席不安枕，因而战斗力大减。有一天晚上，城上又有黑衣人缒城而下。有人报告令狐潮，令狐潮断定又是张巡派兵偷袭，于是命士兵向城头放箭，射杀唐军。可奇怪的是，不管叛军射了多少箭，守军还是不断地缒人下来！直到天亮，叛军才发现，城墙上缒下来的根本不是真人，而是穿上黑衣的稻草人。但发现时已经为时已晚，张巡已经让他们自动奉上数十万支箭了。

之后一连几天，还是像前次夜里一样，城墙上都出现了稻草人。叛军见状，都嘲笑张巡故伎重演，贪得无厌。于是只箭不发。几天后，张巡挑选了500勇士，并在夜里把他们放下城去。叛军以为这次城上吊下来的仍是草人，没有防备。500勇士乘敌毫不防备，突然杀向令狐潮的大营。叛军来不及组织抵抗，纷纷逃窜，张巡军趁乱追杀，大胜而去。

雍丘之战，历时将近一年，张巡以仅仅2000人的兵力，在缺人、缺粮、缺

① 《新唐书·张巡传》。

器械、缺补给的绝对劣势下，对抗叛军4万人，非但没有失败，反而屡战屡胜，多次重创敌人，其所依靠的正是对“奇正”战术的灵活运用。

九、避实击虚

避实击虚，是指作战指导要避开敌人的坚实强大之处，打击敌人的虚弱要害之处。这是用兵的根本原则之一。“虚”“实”在军事领域内容涵盖很广，不仅仅是说敌我双方兵力数量的对比，大凡怯、弱、乱、饥、劳、寡、惰归、无备都是“虚”，而勇、强、治、饱、佚、众、锐气、有备都可称为“实”。概括而言，战场上有利的方面就是“实”，不利的方面就是“虚”。《孙子兵法·虚实》篇就专门论述了这一问题。

这一用兵原则要求在交战时，无论是行军开进，还是进攻方向的选择，抑或是重点防守目标的确定，将帅都要通过各种手段掌握敌情，了解敌人的虚实所在，然后避实击虚。同时，要想方设法隐瞒自己的虚实，使敌人无法了解我方的意图和行动。这样战场的主动权就会时刻被我方所主宰。也就是说，行军要入敌之“虚”，即敌人没有部署重兵防守之处；进攻要击敌之“虚”，即敌人设防空虚薄弱之处；防守要防备敌人之“实”，即敌人重兵进攻之处。这样就可以避开敌人的强点，攻击敌人虚弱但很关键的要害部位，从而克敌制胜。唐太宗李世民说：“朕观诸兵书无出孙武，孙武十三篇无出‘虚实’。夫用兵识虚实之势，则无不胜焉。”①

战场上敌我双方的虚实形势是相比较而存在的，是不断发展变化的，可以通过调动或不被调动来相互转化。在战争中，用“利”和“害”调动敌人，可以使敌人由“佚”变“劳”，由“饱”变“饥”，由“安”变“动”，由”专“变”

① 《唐太宗李卫公问对》卷中。

分”，这样敌我双方的虚实形势就会发生变化，我方就可以牢牢控制战争的主动权，随机应变，抓住敌人最虚弱的地方，施以致命的打击，从而以最小的代价换取最大的胜利。

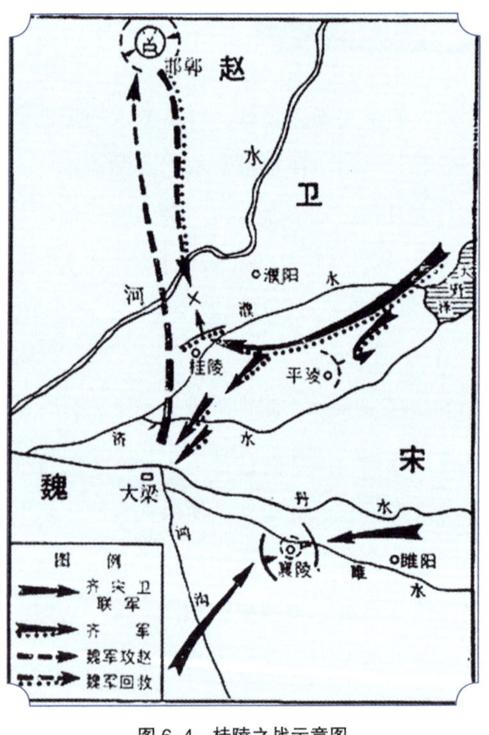

图 6–4 桂陵之战示意图

能巧妙调动敌人、灵活转化虚实而取得胜利的战例很多。战国时期孙膑指挥的桂陵之战无疑是最能说明这一作战原则的战例。公元前 354 年，魏惠王派将军庞涓带兵 8 万攻打赵国，包围了赵国都城邯郸。赵国危如累卵，求救于齐。齐威王命田忌为统帅、孙膑为军师率兵救赵。田忌本想挥师直入赵国，与赵内外夹击，以解邯郸之危。孙膑否定了这一笨拙的战法，认为这种战法就好比去劝解斗殴，自己也参与殴打一样。于是，他提出“批亢捣虚”的策略，认为目前魏国正全力进攻赵国，精锐部队全部出国作战，国内必然空虚，不如直接进攻魏国都城大梁，迫使魏军回师自救，然后乘机伏击魏军于归途。这样，既解了赵国之围，又打击了魏国。田忌接受了这一建议，向魏国腹地进军。[①]（见图 6–4）

为了实现围魏救赵的策略，孙膑先是采取了一系列行动来迷惑庞涓。他建

① 参见吴如嵩主编:《中华民族杰出人物传》第 5 集，中国青年出版社 1986 年版，第 37 页。

议田忌首先派兵佯攻魏国东阳地区的军事重镇，给庞涓造成一种齐军不谙军事的假象，促使庞涓继续留在邯郸同赵军拼杀，消耗实力。又故意派不懂军事的齐城、高唐两邑大夫出战，进一步麻痹庞涓，使庞涓深信齐军指挥无能，集中全力进攻邯郸。邯郸经不起魏军进攻，终于被攻破。此时，为了防止庞涓将士休整，孙膑派出部分轻兵锐卒直扑大梁，而暗地将主力埋伏在桂陵。庞涓听闻大梁被围，不顾疲劳，丢下辎重，率军昼夜兼程回救，结果在桂陵与齐国伏兵遭遇。齐军以逸待劳，大破魏军。

桂陵之战中，孙膑“围魏救赵”的战法就是灵活运用了“避实击虚”的原则。孙膑将其称为“批亢捣虚”。“亢”，指咽喉，即关键和要害之处。“批亢”，就是指打击敌人的要害和虚弱之处。对于桂陵之战，毛泽东给予了高度评价：“攻魏救赵，因败魏军，千古高手。”①

十、以迂为直

以迂为直，是指在战争中通过一些看似迂回、实则近直的途径来实现作战的胜利。走近路要比绕远路省时省力，这是普通的常识。在军事行动中，省时省力就意味着占据了先机之利。那么，为什么有时候还要走迂远的线路呢？这是因为战争中，迂远、近直与敌军兵力部署的虚实往往是紧密联系的。一般来说，迂远的道路路途远，地形复杂，或有天然障碍，不便通行。但换个角度说，敌人从心理上会认为我方会走近路，因此对迂远的道路往往疏于防范，在此部署的兵力薄弱。走这样的线路更容易达到出其不意、出奇制胜的目的。这样一来，看似迂远曲折的道路，实际上变成了能最快通过的“直”路。相反，近直的道路路途近，但敌人的防范一般较为严密，常派重兵把守，反而不易通过。如此

① 中共中央文献研究室编：《毛泽东读文史古籍批语集》，中央文献出版社 1993 年版，第 66 页。

一来，近直的道路反而变成了难以通过的“远”路。

历史上无数的战例说明了这一点。三国时期，魏国将领邓艾偷渡阴平最终灭蜀，就是对“以迂为直”战术的很好实践。魏元帝景元四年（263 年）八月，魏国发 18 万大军兵分三路进攻蜀国，企图灭蜀。钟会所指挥的东路魏军是主力，被蜀军阻拦在险要之地剑阁（今四川剑阁东北）。剑阁地势险要，素有“一夫当关，万夫莫开”之称，蜀将姜维凭险据守，钟会屡攻不下，加之当时魏军军粮不继，钟会准备退兵。这时邓艾向钟会建议，可从阴平抄小道进攻涪城。姜维如果从剑阁率军回救涪城，魏国大军即可乘势前进，夺取剑阁；如果姜维不撤军来救，那涪城空虚，可占领涪城，切断姜维后路，直接威胁成都。钟会接受了建议，立即令邓艾实施这一军事行动。阴平与剑阁相隔百余里，崇山峻岭，人迹罕至，蜀军在此没有设防。邓艾从自己的西路军中挑选精锐万人，绕道剑阁从沓中出发，“自阴平道行无人之地七百余里，凿山通道，造作桥阁”[①]。在克服了难以想象的困难之后，终于到达江油。蜀国江油守将马邈面对从天而降的魏军，不战而降。魏军乘胜进攻涪城、绵竹，逼近成都。这时，蜀国后主刘禅见大势已去，便率群臣出城投降，蜀汉灭亡。

在这次灭蜀之战中，邓艾在魏军正面进攻不能取胜的情况下，另辟蹊径，绕过蜀军防守坚固的剑阁，从蜀军意想不到的阴平小道绕到蜀军后方，攻击其防守薄弱地区，最后达到避实击虚、出奇取胜的目的。邓艾所采用的正是“以迂为直”的手段。

十一、攻心夺气

攻心夺气，是古代心理战的基本战法之一。一支军队的战斗力是由多种因

① 《三国志 · 魏书 · 邓艾传》。

素组成的，既有有形的，也有无形的，既有物质的，也有精神的。打击敌人不仅要消灭敌人有形的物质力量，还要尽力摧毁敌人无形的精神力量。美国战略理论家柯林斯认为：“摧毁民族敌人的抵抗决心比削弱敌人的物质力量更为重要。”[①]《孙子兵法·军争》篇中就曾提出“三军可夺气，将军可夺心”的心理战术，为后世兵家所继承。

“气”，是指军队的士气。士气是构成部队战斗力的重要精神因素，其高低锐惰，直接影响战争的胜负。士气高涨，军队的战斗力就强，作战就容易取胜；士气萎靡，军队的战斗力就弱，作战就容易失败。因此，历代兵家无不重视通过鼓舞自己军队的士气来提高军队的战斗力，通过打击敌军的士气来削弱敌军的战斗力。“心”，是指将军的决心和信心。在战争中，军队的士气以及战斗力的发挥都会受将帅心理因素的影响，如果将帅抵抗的意志和作战的决心发生动摇，就可能导致作战的失败。“攻心夺气”战术要求人们，战争中不一定非得通过双方正面死拼硬打的方式战胜对手，还可以通过削弱对方的士气、动摇敌将作战的决心等方式打击敌人，这样不用耗费自己太多的兵力就可以实现作战目的。

公元 219 年，吴国吕蒙趁关羽北上攻打曹魏之际，率军攻占公安与江陵这两个荆州重镇。吕蒙攻占江陵后，厚待关羽麾下将士家属，按月供给粮米，有患病者，派医治疗，同时封存江陵府库，严明军纪，不许吴军士卒骚扰百姓。关羽闻江陵失守，急忙从樊城撤军而回。回军途中，数次遣使责备吕蒙背信弃义。关羽使者到达江陵后，吕蒙亲自出城迎接，待以宾礼，并让他到蜀汉将士们家中去慰问，将士家属纷纷让使者替他们传递书信，告知家门无恙。使者回到军中后，关羽部下听说家中不但平安无事，而且所受到的优抚超过了平时，于是全无战心，将士甚至多有逃回荆州者。等到关羽军与东吴之军交战时，吕蒙除

① ［美］柯林斯：《大战略》，战士出版社 1978 年版，第 65 页。

图 6–5　关羽败走麦城

了派几路兵马夹攻之外，又将城中将士的亲属都叫了出来，在山上喊话。一时之间，四山之上，都是荆州士兵，呼兄唤弟，觅父寻子。关羽将士们循声而去，全都无心作战，以致军心涣散，不战自溃。关羽自知势单力孤，无力收复江陵，被迫西保麦城（今湖北当阳东南），最终被俘身亡。（见图 6–5）

吕蒙击溃关羽这一战是“攻心战”的一个典范。从兵力上看，吕蒙并不比关羽占优势，但他的攻心策略瓦解了关羽的军心，削弱了蜀军的力量，而关羽缺乏对士兵心理的重视，加速了他的失败。

十二、上智为间

利用具有高超智慧的人做间谍，刺探敌人的情报或离间敌人，是战争中的常用战术。历代兵家认为，“知己知彼，百战不殆”。只有对敌我双方的情况有透彻的了解，才能正确估量敌我所处的态势，从而作出正确的作战决策，打起仗来才会立于不败之地。如果将帅不了解敌我情况，其战略决策和目标就会带有很大的盲目性，就无法掌握战争的主动权。因此，无论是战前的战略决策还是战争中的实际指挥，将帅都要将“知己知彼”作为自己行动的纲领。但是，“知己”容易“知彼”难，因为敌我双方无不设法隐藏自己的真实状况，以假象示人。所以利用间谍深入敌人内部去获取真实可靠的情报，对战争的取胜就显得至关重要。《百战奇略 · 间战》篇也强调了间谍的重要性：“凡欲征战，先用间谍，

观敌之众寡、虚实、动静，然后兴师，则大功可立，战无不胜。”

《孙子兵法·用间》篇就专门探讨了间谍的使用问题，并提出了五种具体的用间方式，即“因间”“内间”“反间”“死间”“生间”；同时还论述了每种用间方式的适用范围。即便在现代社会中，用间也超不出以上五种方式。孙子还提出在用间的时候不要局限于一种用间方法，因为用间是较为常用的一种获得敌方情报的方式，各诸侯国在刺探对方情报的同时，也会极力防范别国间谍的潜入。所以单纯使用一种方法很容易被敌人识破，而要“五间俱起”，将各种用间方法相互配合使用，多方式、多渠道地使用间谍，这样才能使敌人难以察觉我方用间的规律，防不胜防。

在中国古代战争中，最常用的用间方式是实施离间计或反间计。宋代民族英雄岳飞就是一个善于使用反间计的将领。北宋末年，金军南下攻破汴京，俘虏钦、徽二帝，后又扶植济南知府刘豫建立伪齐统治政权，统治北宋原有的部分地区。刘豫多次配合金兵攻打宋军，成为南宋抗金的最大障碍。岳飞通过侦查得知金国四太子金兀术不喜欢刘豫，就想利用他们之间的矛盾，找机会除掉刘豫。恰好在一次战斗中，岳飞的部属抓获了一名金军的奸细。岳飞决定借这位密探实施反间计。他在审讯这个奸细时，故意把他误当成给刘豫送信诱杀金兀术的自己人，一见面就问：“汝非吾军中人张斌耶？吾向遣汝至齐，约诱至四太子，汝往不复来。吾继遣人问，齐已许我，今冬以会合寇江为名，致四太子于清河。汝所持书竟不至，何背我耶？”金国奸细怕被岳飞杀死，顺势假称自己就是张斌。岳飞于是写了一封信，信中说同刘豫共谋活捉金兀术之计划。然后，剖开奸细的腿肚子，将蜡丸密信塞进去，要其再送往刘豫处。这名奸细得到信后，如获至宝，赶紧跑回了金国，把蜡丸交给了金兀术。金兀术看到“密信”后吃了一惊，误信刘豫与宋军勾结想谋害他，就去向金帝汇报。不久，金帝果然废掉了刘豫。这样，岳飞不费自己的一兵一卒，一招反间计就借金国之手除掉了其得力帮手刘豫，为后来打败金兀术扫清了障碍。

第七章 作战战法

作战战法就是进行战斗的方法。在中国古代战争史上，由于每个历史时期生产力水平的不同，交战对象、交战地域的不同，军事技术的发展程度以及战争观念的差异，作战战法也呈现出不同的特点。

先秦时期的作战方式随着生产力的发展和政权的更替而处于不断变化之中。夏商时期以步战为主，作战方式主要是徒步格斗。西周春秋时期，车战发展成为主要的作战方式，战争一般在野外进行，很少有攻城战。自春秋中期起，步战重新崛起，车兵的地位开始降低，这一过程递嬗到战国时期，步兵跃居诸兵种之首，车战让位于以步兵为主的车、步、骑协同作战的方式。同时，水军和水战在南方地区开始出现。战国中期以后，骑兵作战方式也在中原地区出现。此外，城邑攻防战、伏击包围战、奇袭战、火攻、水淹、地道等战法也陆续出现。

秦汉至隋唐时期，统一战争、民族战争、内部叛乱、农民战争频繁发生，战争规模日益增大，战争区域范围扩大，这些都推动了作战方法的发展。这一时期，北方主要是以大规模骑兵作战为主，南方主要以水战和水陆协同作战为主。阵法有了新的发展，五军阵、八阵的运用更趋成熟，唐代李靖还在八阵的基础上创制了六花阵。各种野战战法如包围、伏击、奇袭、正面进攻、侧翼突击等均已在战争中运用，山地战、河川战、丘陵战、丛林战、荒漠站、野战、火攻、水战等各种特殊条件下的战法也已经应有尽有。

两宋时期，战争频仍，战争样式多种多样，野战、城邑攻防战、水战，步、骑、水军的协同以及各兵种的独立作战交错进行。南宋时，抗金将士在抵御金军骑兵进攻时，创造出“以步制骑”“以骑制骑”等野战战术①。

蒙元时期主要采取骑兵作战，骑兵战术发展到一个新高峰。在战术运用上，蒙古军队强调作战的灵活性和机动性，分进合击、迂回作战、两翼包抄、包围歼敌、诱敌深入等都是其惯用的战法。

---

① 参见糜振玉主编：《中国军事学术史》，解放军出版社 2008 年版，第 605 页。

明清时期，火器在战场上的使用日益广泛，逐渐取代冷兵器成为士兵手中的主要武器，传统战法随之也发生变革。这一时期多采取炮兵、步兵、骑兵协同作战的方法，各兵种彼此配合，发挥特长，给敌人以致命的打击。

一、布阵之法

阵法，即用兵布阵之法，是指古代军队行军作战以及宿营防御时的队形布局。讲究阵法，是古代战术思想中常见而且非常重要的内容。一般情况下，在将军队投入作战之前，通常会根据敌我双方的实力、兵种、武器装备及其交战地形等情况，将军队进行合理的配置，以充分发挥军队的战斗力。

阵法在中国古代战争中运用已久。早在史前社会末期，部落之间在交战时或已萌生了原始的阵法。商周时期，作战方式由混战发展到有步兵协同的兵车战，作战阵式基本为单元方阵。《尚书·牧誓》载武王伐纣时曾告诫军队“今日之事，不愆于六步、七步，乃止齐焉”，就反映了商朝末年步兵方阵作战的特点。

春秋战国时期，随着铁兵器的出现，独立的步兵和骑兵先后出现，阵法的使用较为普遍起来。当时布阵讲究长短相济，攻守配合，前锋、后卫相应。阵法名目繁多，有方阵、圆阵、三军阵、五军阵、八阵、雁行之阵等。这一时期许多兵书都记载了各种军队排兵布阵的方法，如《六韬》《吴子》《孙膑兵法》等。其中尤以《孙膑兵法》的《官一》《十阵》篇对各种阵法的名称、特点、功效等的记载最为详细。

秦汉时期的步、骑兵在与北方匈奴交战时也多用阵法。如卫青出击匈奴时曾用五军阵，李广列圆阵力战匈奴大军，东汉窦宪以八阵大战匈奴取得全胜等。汉代的军队十分重视阵法教练。《汉书·匈奴传》载，文帝中年时，“从六郡良家材力之士，驰射上林，讲习战阵”。《后汉书·礼仪志中》曰：“立秋之日，白郊礼毕……武官肄兵，习战阵之仪、斩牲之礼，名曰貙刘。兵、官皆肄孙、

吴兵法六十四阵，名曰乘之。”三国时期，许多军事家也都十分重视阵法的教练。相传诸葛亮创制“八阵”，因史籍对该阵法无具体记载，现在已经不得其详。

唐代名将李靖深谙阵法的使用。在兵书《唐太宗李卫公问对》中，他多次与唐太宗谈论阵法教练问题。李靖在八阵法的基础上创制了六花阵（见图7-1）[①]。六花阵，以中军所在圆阵为中心，外由六阵组成，全阵形如花瓣，故又名“六花七军阵”。战斗时，一方面可以集中步兵整体作战，一方面又可指挥骑兵伺机出击，调配兵力，转化为曲、直、方、圆、锐五种六花阵，机动灵活性很强。[②]

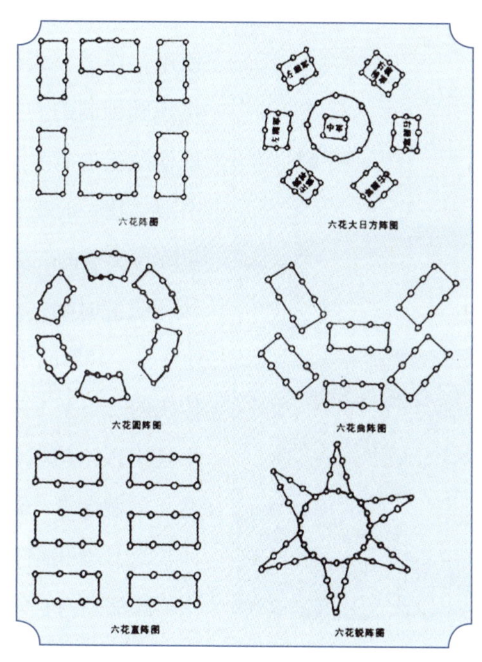

图 7-1　六花阵阵形示意图

① 该图采自李罗力等总编撰：《中华历史通鉴》，国际文化出版公司 1997 年版，第 1137 页。
② 参见李一宇编著：《中国文化的由来》，中国档案出版社 2010 年版，第 99 页。

北宋时期，用兵作战也十分重视阵法的应用。宋代的几位皇帝，常常在将领作战前授以阵图。例如，太平兴国四年（979 年）十月，辽军发动南攻，崔翰等率宋军抗击，宋太宗“以阵图授诸将，俾分为八阵”[①]；雍熙四年（987 年）五月，宋太宗将御制“平戎万全阵图”赐予潘美、田重进及崔翰等将领，“亲授以进退攻击之略”。[②] 当时军队中还设有专门负责排阵布兵的“排阵使”。“排阵使”一职唐代时就已经出现，五代时任命比较频繁，宋代沿袭。虽然北宋统治者这种教条式的做法经常导致军队作战的失利，但从另一个角度也反映出此时阵法教练已蔚然成风。

图 7–2　戚继光阵演鸳鸯

南宋时期，随着火器在战场上的广泛使用，作战方式也发生变化。南宋抗金名将魏胜创制的如意战车法，就是先用火器杀伤敌人的有生力量，然后再以传统阵法击敌。这一时期传统阵法主要有张威的撒星阵、吴璘的三叠阵等。

明清时期，火器较之以前更多地配备于军队，武器的杀伤力、破坏力显著提高，传统的密集型方阵已经难以适应作战需要，于是出现以疏散队形为主的新式阵法。戚继光创制的鸳鸯阵即为代表。鸳鸯阵是一种长短兵器相结合、冷兵器和火器配合使用的阵法，在抗倭战争中发挥了重要作用。（见图 7–2）

① （宋）李焘：《续资治通鉴长编》卷二十，中华书局 2004 年版，第 462 页。

② （宋）李焘：《续资治通鉴长编》卷二八，第 638 页。

清朝中期以后，冷兵器时代的传统阵法在西方先进枪炮的打击下，黯然失色，功效全无，于是逐渐退出了历史舞台。

二、野战战法

“古人所谓‘野战’，是与‘城战’相对而言，即指军队交战于旷野。《墨子·兼爱》中记载‘诸侯不相爱，则必野战’。由于战争中的基本作战行动多发生在野外，野战的胜负往往决定战争全局的命运，因而野战战法也就成为战争中最基本最主要的战法，在古兵法中占有极重要的地位。”① 一般兵书论战大都是从野战的角度展开论述的，其中阐述的作战基本原则也都是野战时所应该遵循的。

野战战法的根本特点是灵活机动，出奇制胜。《孙子兵法·谋攻》中所提到的“十则围之，五则攻之，倍则分之，敌则能战之，少则能逃之，不若则能避之”，及《军争》篇中提到的“高陵勿向，背丘勿逆，佯北勿从，锐卒勿攻，饵兵勿食，归师勿遏，围师必阙，穷寇勿迫”等，都是野战必须坚持的原则。野战主要有正面进攻、包围、迂回、伏击、奇袭、夹击、突围等作战方式，大规模的野战多实行步、车、骑协同作战。下面对常用的几种作战方式作一简单介绍。

包围，是指以优势兵力将敌人包围以歼之的战法。其主要方法是以包围为主，辅以分割、穿插、迂回等战法，以获得最佳的作战效果。楚汉之争时的垓下决战就是一次集包围、迂回、分割、穿插各种战法的战役。汉高祖五年（前 202 年）十二月，刘邦召集各路大军在垓下会合，与项羽决战。当时汉军的决战部署是：韩信亲率 30 万大军居中；将军孔熙率军数万在韩信军左方；陈贺率军数万在韩信军右方；刘邦率本部主力尾随韩信军跟进；将军周勃率军断后。韩信率本部军先行向楚军发起挑衅性进攻，项羽率骑兵在前迎击，步兵在后随其冲锋。韩

① 吴如嵩主编：《中国古代兵法精粹》，军事科学出版社 1988 年版，第 456 页。

信军在与项羽军接战后随即佯败，吸引项羽率骑兵追击，从而使楚军的骑兵、步兵之间逐渐拉开距离，失去配合。而此时，孔熙、陈贺所率的左、右两军自楚军左、右两侧进行迂回机动，直插楚军骑、步两军之间的空地，将楚军拦腰截断，分割包围。陈贺军以迅雷不及掩耳之势，打败楚军步兵。韩信率军回转反击，与孔熙军、陈贺军三军前后夹击，最终大败楚军。

图 7–3　马陵之战

伏击，是指预先将兵力隐蔽埋伏在敌人必经道路的两侧，待敌人进入预定地区后突然将之攻歼的战法。伏击战通常需要借助有利的地形来设伏，并且要善于通过示形、佯动引诱敌军进入伏击圈，然后予以歼灭。战国时期的马陵之战中，齐军在马陵歼灭魏军（见图 7–3），创中国战争史上设伏歼敌的经典战例。

奇袭，指乘敌不备、突然袭击敌人的战法。要想顺利实现奇袭，需要注意以下几点：首先，战前要做好保密工作，防止敌军察觉我方意图；其次，密切注意敌军的动向，一旦有可乘之机，就要不失时机地展开行动，打敌人一个措手不及；再次，一般袭近不袭远，以免敌人闻而备之。春秋时期秦国袭郑就是一次不成功的袭击战。公元前 628 年，秦穆

公欲以杞子（驻扎在郑国的秦国大夫）等人为内应，里应外合，联合灭郑。穆公向大夫蹇叔征求意见。蹇叔说："径数国千里而袭人，希有得利者。且人卖郑，庸知我国人不有以我情告郑者乎？不可。"[①] 穆公不听老臣蹇叔的劝阻，派孟明视、西乞术、白乙丙率军偷袭郑国。行军途中，恰遇郑国商人弦高。机警的弦高断定秦军必是袭郑，即一面冒充郑国使者犒劳秦国军队，一面派人回国报信。孟明视以为郑国早有防备，不敢贸然再进，遂率军而还。在回师至殽山时，遭到晋军的伏击，秦军全军覆没，三主帅被俘。在这次战役中，秦军攻袭未能得手，反而遭到晋军的伏击，损失可谓大矣。

三、城战战法

城战，即攻城与守城（见图 7–4）。在春秋以前，战争主要是速战速决的野战，一般都回避攻城作战。春秋时期为数寥寥的攻城战多发生于大国对小国的征伐之中，带有明显的惩戒性质，而且成功者不多。攻城战之所以不盛行，一是由于当时各国的国力和军队后勤供应难以维持长久的攻坚作战；二是因为以车战为主的作战方式不适合攻城，缺乏有效的攻坚手段。久而久之，遂形成了以战车阵战为固定样式，回避攻城、不善攻城的普遍状况。[②] 早期兵家也大都以攻城为下策。《孙子兵法·谋攻》

图 7–4　城防形制图（宋·曾公亮《武经总要》插图）

① 《史记·秦本纪》。

② 参见李罗力等总编撰：《中华历史通鉴》，国际文化出版公司 1997 年版，第 1039 页。

篇中就提到："其下攻城，攻城之法为不得已。"到了战国时期，随着社会生产力的发展，城邑的战略地位逐渐提高，有些城邑系一国或一地的政治、经济、军事中心，势所必争，因而城邑攻防战日益激烈频繁。战国时期的兵学家也都从不同的角度对城战战法进行了论述。比如《孙膑兵法·雄牝城》篇专述攻城之法；《尉缭子·守权》篇专述守城之法；《墨子》中《备城门》等11篇对攻城之法和防御之法都有论述。至南宋时期，陈规与汤璹合著的《守城录》系统地论述了城防理论和守城战的各个方面，是中国古代第一部城邑防御专著。

攻城战中，古人一般不采取强攻之法，而是将强攻和智取相结合。比如欲求速战速决，经常会诱敌出战，然后乘机攻取；或提前接好内应，然后内外夹击；或提前做好攻城准备，然后声东击西，乘机突袭；或"围师必阙"，包围敌人时虚留缺口，动摇敌人抗战的决心，一旦敌人弃城而逃，便可在野战战场上将其彻底消灭，然后夺取城池。另外，攻城时还经常会佐以水攻、火攻等方式。如果时间允许，粮草充足，往往采取长期围困的方式，等到城内守军弹尽粮绝，再利用攻城器械撞击城门，从而摧毁守军的防御体系。楚汉战争时刘备夺取成皋（今河南荥阳西北汜水西）就是采用了智取之法。汉王四年（前203年），楚王项羽留大司马曹咎守成皋，自己率军东进，临行前嘱咐曹咎坚守勿战。项羽一走，刘邦立即领兵南下，兵临成皋城，然后派军前去挑战。曹咎开始还遵照项羽的告诫，坚守不出。后来刘邦下令在成皋城边设台，命人每日在台上羞辱楚军，一连骂了五六天。曹咎按捺不住，一怒之下率军出击。汉军见楚军中计出城，与楚军稍一接触，就佯装战败，退向成皋附近的汜水对岸。曹咎见汉军不堪一击，骄横之气更增，指挥楚军渡汜水追击。汉军运用半渡击之的战法，大破曹咎所部楚军于汜水之上，曹咎兵败自杀，汉军乘机夺取成皋。

守城之法，古人也多有论述，主要有以下几点：一是尽量做好守城的各项准备。比如充足的粮草、完备的守具、坚甲利兵，最重要的是坚决御敌的决心、军民的广泛动员等。二是以都城为中心，形成边城、县邑、国都的多层纵深防

御体系，层层阻击，消耗敌人。三是守城者不能单纯地消极防御，而要守中有攻，将坚守和出击相结合，灵活主动地打击敌人。唐代张巡守雍丘堪称历史上最经典的守城战例。安史之乱中，安禄山派唐代降将令狐潮领兵 4 万进攻雍丘，雍丘城守军不到 2000 人，张巡运用坚守与出击相结合的战法，守城接近一年，多次给敌人以重创，取得了“守中有攻”的巨大胜利。

四、兵种战法

兵种战法，是指古代不同兵种的作战方法，如车战、步战、骑战、水战、弩兵作战等。由于我国地域广阔，南北方地理环境泾渭分明，军事思想和作战方式也各具特色。一般来说，北方盛行骑战，南方盛行水战。中原地区在战国以前盛行车战，战国以后发展成以步兵为主的车、步、骑、弩协同作战的作战方法。

战车的主要特点是有较强的攻防能力，但作战方式比较呆板，战车要先列好阵形，然后施行正面冲击。由于战车车体笨重，机动性受地形和道路条件的限制很大，只适合在平原旷野地带作战，因而在春秋晚期以后，随着战争规模的日益扩大，作战地域不断扩大到中原以外的险阻地区，车战逐渐让位于以步兵为主的车、步、骑协同作战的方式。《六韬》专门有一篇《战车》论述战车作战问题，详细阐述了车兵作战的十种不利地形和八种有利战机。车战主要是采取方阵战术。西周时期的车战队形是一种密集方阵，通常步兵列阵于前、战车列阵于后，组成宽广正面的大方阵，然后缓慢推进，统一行动。到了春秋时期，队形改为疏散阵形，进攻时不再是徐缓推进，而是快速进击。

步兵作战灵活性大，能适应各种气候、地形和战斗方式，因此自战国时期以来一直是战场上的主要力量。冷兵器时代的步兵大多手持着青铜或铁打造成的各种长短兵器，有时候会携带弓箭或弩等远射武器，宋代以后还配备了火器，攻守比较机动灵活。但是，由于步兵的冲击力和快速性远不如骑兵，在与骑兵

作战时常常处于劣势。

骑兵的特点是轻捷迅速、机动性强，“能离能合，能散能集；百里为期，千里而赴，出入无间”[①]。战国时期孙膑说“用骑有十利”[②]，并指出骑兵作战的规律是“以虚实为主，变化为辅，地形为佐”[③]。明代何良臣在《阵纪·骑战》中总结了四种用骑兵取胜的方法，即“突冲”“术击”“乘乱”“威劫”。骑兵在广阔的平原和草原地带较步兵有着明显的优势，在作战中经常担负迂回、冲击、包抄、追歼敌人的任务。汉、唐两朝，为反击北方游牧民族的侵扰，都建立了一支强大的、可以独立机动作战的骑兵部队。在汉、匈之间长期激烈的战争中，汉王朝正是凭借空前强大的骑兵部队，扭转了一直以来汉军在战场上的劣势，取得了反击匈奴的重大胜利。唐代时，同样是精锐的骑兵部队，深入北地，平定了东西突厥。

水战是利用舟船在水上作战。我国水战历史很悠久，自春秋时期出现之后，随着造船业的发达，战船的种类越来越多，水师的武器装备也越来越先进。早期的水战主要方式是利用艨艟、斗舰进行激烈的冲角战和船舷战，一旦有机可乘，还会大规模地使用火攻战术。比如，东汉末年的赤壁之战，就是孙、刘联军利用己方擅长水战的优势，对远来疲惫、不善水战而又麻痹轻敌的曹军，出其不意地采用火攻，最终大败曹军（见图 7–5）。后来火炮出现后，还增加了炮击。《百战奇略·舟战》中介绍了水战的作战原则。其中提到：“凡与敌战于江湖之间，必有舟楫，须居上风，上流。”因为居于上风头，可以借助顺风之势，用火烧毁敌船；居于上游处，可以乘着水流之势，用战船冲击敌船。这样就会战无不胜。但是遗憾的是，文献中有关水战的记载大多简略，兵书中也没有从战略的角度讨论水战对于统一战争和扩张国土的作用，这不能不说是一个缺失。

---

① （唐）杜佑：《通典》卷一四九《法制附》引“孙膑曰”。

② （唐）杜佑：《通典》卷一四九《法制附》引“孙膑曰”。

③ （宋）曾公亮：《武经总要》前集卷四《用骑》引“孙膑亦曰”。

图 7–5　曹兵百万下江南（清末年画）

五、特种条件下的战法

特种条件下的战法，主要包括山地战、河川战、丘陵战、丛林战、泽战、谷战、荒漠战、水攻、火攻、风战等。《孙子兵法》《六韬》《百战奇略》等对此都有较为详细的论述。下面就战争中几种常见的战法作一扼要介绍。

山地战，是进攻和防御方围绕山地这种特殊地形而展开的战斗。一般来说，山区地形复杂崎岖、交通运输不便，这决定了在山地作战利于防御，不利于进攻。因此，守方要据险而守，以逸待劳，而攻方要灵活采用多种战术，如正面佯攻、迂回包围、避实击虚等，以出奇制胜。东汉时，大将马援出任陇西太守，正赶上武都境内的参狼羌及边疆其他少数民族反叛。马援亲率部队 4000 余人进行反击。当部队到达氐道县时，羌兵已经占据山头。马援只好在平地驻扎。马援没有即刻攻山，而是采取断羌兵水源、截其粮草等办法层层围困，迫使羌兵陷于穷困境地，其首领被迫率领数十万户羌人逃往塞外，而其他部族的兵马全部归降马援。马援采用围而不打的办法，降服了羌兵。

河川战，古人谈论的大多是渡水和反渡水的问题。渡水之法主要有三，即暗渡（“出其空虚以济”）、分渡（分兵多处“急涉彼岸”）和强渡（先据上游，顺流而下，夺取渡口，保证主力渡河）。反渡水之法亦有三，即阻水而守（立足于自保）、“半渡而击”（立足于歼敌）和越水而军（立足于相机进取）。[①]下面来看一个“暗渡”的战例。汉高祖二年（前205年）八月，刘邦派韩信率兵伐魏。魏王豹把重兵布守在蒲坂，封锁了从黄河西岸临晋到蒲坂的渡口。韩信针对这种情况，故意在黄河西岸布置疑兵、陈列渡船，伪装成从临晋渡河的样子，暗地里却派兵从黄河北部的夏阳以简易渡河工具“木罂”（见图7–6）代船渡河。汉军过河以后，出其不意地袭击魏国重镇安邑，魏王豹惊慌失措，匆忙领兵迎战。韩信挥军奋战，一举俘虏了魏王豹，平定了魏国。

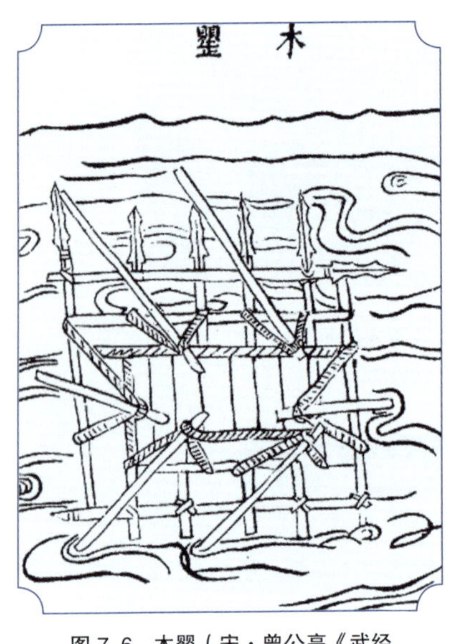

图7–6　木罂（宋·曾公亮《武经总要》插图）

泽战，是在沼泽地带作战的方法。由于沼泽地区地势低洼，易被水淹，不利于军队行动和宿营，因此古代兵家强调应该尽量避免在这种地形上与敌交战。遇到这种地形时，应当加速前进，尽快通过。倘若万不得已必须宿营时，应选择四周低而中间高的地方，并根据此地形特点布列成圆阵，以便于四面迎击敌人的进攻。唐高宗调露元年（679年），突厥族的阿史德温傅起兵反唐，大将裴行俭奉命率军进讨。当裴行俭进军至单于都护府界北时，天色已晚，部队就地安营扎寨。当时，四面布防已经完成，但裴仁俭却突然命令部队向高冈处转移

① 参见吴如嵩主编：《中国古代兵法精粹》，军事科学出版社1988年版，第489页。

营地，诸将对此十分不解，但仍奉命行事。结果，当天晚上风雨骤然大作，顿时先前所设营地完全淹没于洪水之中。由于部队及时奉令移营高冈，避免了一场被巨大洪水吞没的危险，从而确保了部队安全。

六、火　攻

火攻，是借助于放火燃烧的方式，配合军队作战，达到歼敌目的的战法。在几千年的战争史中，火攻战法运用之多、手段之巧妙、作用之显著令人瞩目。据统计，从春秋到清末的历代战争中记入史册的火攻就达 370 次之多。[①]

火攻战法是在战争中不断创新和完善的。冷兵器时代的火攻，所用燃料主要为柴薪、膏油等，发火方式主要靠人工纵火或借助于船只、动物引火，如战国时期田单的火牛阵（见图 7–7）。放火燃烧的对象主要有两类：一类是消灭敌人的有生力量。三国时期孙、刘联军火烧赤壁、夷陵之战中陆逊火烧连营等均属此类。另一类是摧毁敌人赖以支持战争的物质资源。官渡之战中曹操率军火烧袁绍乌巢粮仓即为其例。

图 7–7　火禽、火牛（宋 · 曾公亮《武经总要》插图）

实施火攻要具备一定的条件。比如放火用的烟火器具必须平时就准备好，而且要选择气候干燥、风向适宜的日子，这样才能将火攻的威力发挥到极致。

① 参见余桂芳：《古往今来话中国：中国的古代军事》，安徽师范大学出版社 2012 年版，第 151 页。

如果不注意火攻条件而盲目纵火，不但达不到预定的作战目标，反而可能会适得其反，带来灾难性后果。历史上就有许多将领因不注意火攻的条件而盲目纵火致使战败的例子。譬如《梁书·王僧辩传》记载，南朝萧梁时期侯景之乱时，侯景攻打巴陵，他想用火攻的方式烧掉敌人的水栅，谁知“风势不利”，大火转而烧到自己的兵马，结果损失惨重，“自焚而退”。

自宋代以后，火攻得到进一步发展。火药取代柴薪、膏油成为火攻的燃料。出现了新式的火攻器具，即各种类型的火器。火药、火器同战车、弩箭相结合，威力更大，杀伤力更强，在战争中的应用也越来越广泛。宋金陈宝岛战役是一次具有代表性的火攻战。绍兴三十一年（1161 年），金军大举攻宋，宋将李宝由海路北上，迎击南侵的金军水师。李宝根据金人不习惯海上风浪颠簸而睡在船舱里的情况，决定火攻破敌。他抓住战机，出其不意地以火箭、火炮等火药战器向金军战船猛烈射击，金军几百艘战舰瞬间陷入火海。李宝又指挥士兵跃上未燃的战船与金军展开白刃战，金军不是死于刀剑就是葬身火海。此战，李宝以 3000 水军，几乎全歼 20 倍兵力于己的金军舰队。陈宝岛战役是一次以少胜多的著名战役，也是一次将火器与冷兵器结合使用的典型战役。

七、鸳鸯阵

宋代以后，火器日益广泛运用于战场，武器的杀伤力和破坏力显著提高，传统的大而密集的战斗队形难以适应作战需要，于是，新的阵法随之产生。在明代抗倭斗争中，军事将领戚继光根据倭寇善于用短兵器、浙闽沿海多山陵沼泽、车骑难以展开等特点，专门创制了一种新的战斗队形——“鸳鸯阵”。（见图 7-8）[①]

① （明）戚继光著，盛冬铃点校：《纪效新书》卷二。

“鸳鸯阵”以队为单位，每队由 12 人组成。位于阵最前面的是队长；其身后是 2 名牌手，长牌手遮挡倭寇的重箭、长枪，掩护部队前进，藤牌手配有标枪、腰刀，除了掩护部队之外，还可与敌人近战；再后面是 2 名狼筅手，手持狼筅，刺杀敌人以掩护牌手的推进和后面长枪手的进击；接下来是 4 名手执长枪的长枪手，左、右各 2 人，分别照应前面左、右两边的盾牌手和狼筅手；再后面是 2 名使用短刀的短兵手，如果长枪未刺中敌人，短兵手即冲上去劈杀敌人。最后 1 名是负责伙食的伙夫。这种阵法因左、右对称，故被戚继光命名为“鸳鸯阵”。

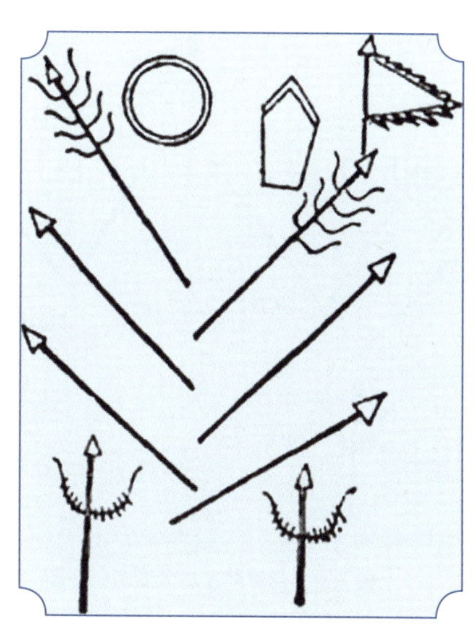

图 7–8　鸳鸯阵法示意图

后来，戚继光调任北方练兵后，又根据火器发展的趋势，进一步将“鸳鸯阵”改成冷兵器与火器交相配备的战斗队形。其第一排的 2 名伍长各持鸟铳一支，第二排士兵各持长柄快枪一支，第三排各持圆形或方形藤牌一块，第四排各持狼筅一支，第五排各持镗钯一杆，最后跟随伙夫一名。作战时，敌距百步左右，即以鸟铳射击，射后退至队伍最后，安插铳刺；敌稍近，第二排士卒即以长柄快枪射敌，射毕退至 2 名执鸟铳伍长之后；第三排士卒以藤牌掩护；第四排士卒以狼筅刺敌；第五排士卒以镗钯作架，施放火箭三支。当敌人再逼近时，全队官兵都以手中兵器与敌人格斗。根据不同的作战任务，该阵法还可以变为队长居中，左、右两翼各 5 人的二伍阵（见图 7–9）[①]，或中路 5 人，左、右两翼各 3 人的三才阵。以“鸳鸯阵”为基础，还可集中 4 个“鸳鸯阵”组成一头两

① （明）戚继光：《纪效新书》卷二。

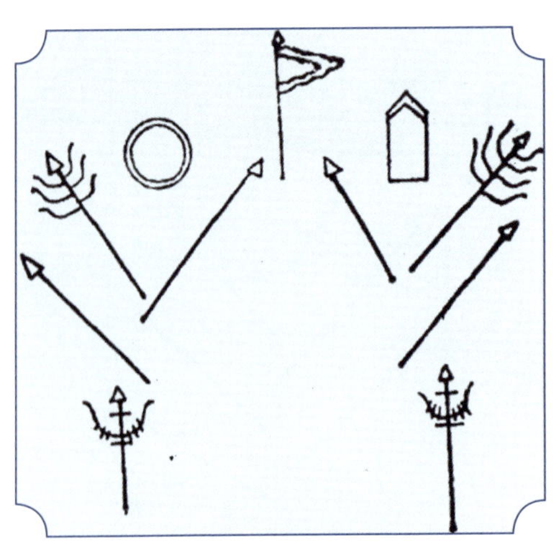

图 7-9　鸳鸯阵左右分变二伍之图

翼一尾（三个用兵方向、两个梯队的战术）的菱形队形。这在当时世界各国冷兵器与火器并用战术的水平上也堪称是第一流的。①

鸳鸯阵不仅长短兵器相互结合，能够充分发挥各种兵器的效能，而且能够作战灵活变化阵形，适应不同地形、不同规模战斗的需要，威力很大，在抗倭战争中发挥了重要作用。

① 参见蓝永蔚等：《鼓角争鸣》，华东师范大学出版社 2006 年版，第 211 ～ 212 页。

第八章 治军思想

所谓治军，就是对军队的治理。军队是国家力量的重要组成部分，军队的强弱、士卒素质的高低，直接决定着战争的胜负，影响着国家的安危。因此，历代统治者、兵家无不重视对军队的训练和治理。在长期的历史发展过程中，兵家提出了一系列治军原则和方法，形成了系统丰富的治军思想。

将帅是一切军事活动的中枢，无论在建设军队、管理军队方面，还是在指挥作战中，都起着至关重要的作用。因此，治军必先重视将帅队伍的建设。正如戚继光所说，治军“必练将为重，而练兵次之。夫有得彀之将，而后有入彀之兵。练将譬如治本，本乱而末治者，未之有也”①。历代兵家对将帅队伍的建设提出了许多有价值的见解：在将帅的地位和作用上，认为将乃“国之辅”，将帅素质的高低关系着民众的命运、国家的安危；在将帅素养方面，提出将帅要具备忠贞保国、清廉不贪、推功揽过、热爱部属等高尚的道德情操，要具备广博的知识结构和卓越的军事指挥才能，还要有良好的心理素质和高度的自控能力；在君将关系方面，强调战场上作战指挥权必须集中统一，国君应赋予将帅应有的独立指挥、临机决断之权，以便于将帅根据战场的情况，临机应变，实施正确的作战指挥。

在军队建设方面，主要提出了以下建军原则：一是“以治为胜”。军队要靠严格的治理取胜，具体表现在军纪严明、赏罚有信、上下同欲等方面。二是“教戒为先”。在用兵之前，要对军队进行严格的思想教育和军事训练。三是“精兵为上”。军队作战能否取胜，不在于人数的众寡，而在于兵员的质量。要造就精兵，就必须重视选兵和练兵。四是“恤士为本”。将帅要体恤士卒，以情带兵，这样才能得到士卒发自内心的信赖和服从，士卒才能拼死战斗。五是“务在激气”。士气的高低直接影响战争的胜负，将帅要通过激励士气来提高军队的战斗力。

① （明）戚继光：《纪效新书》卷十四《练将》。

一、将为国辅

将帅是战争发展到一定历史阶段的产物。《尉缭子·原官》曰:“官分文武,王之二术也。”西周春秋时期,实行世卿世禄制,卿大夫平时为文官,战时为统帅,文武不分职。到了战国时期,随着战争规模的扩大,作战区域的扩展,出现了将帅独立、文武分职的历史性变化。专职将帅的出现,引起了人们的高度重视,古代兵家围绕将帅的地位、培养、选拔、任用等问题,进行了深入的探讨,形成了较为系统的将帅理论。

古代兵家高度重视将帅的地位和作用,在兵书中对此多有论述。《孙子兵法·作战》篇说:“夫将者,国之辅也,辅周则国必强,辅隙则国必弱。”在《谋攻》篇中又强调:“知兵之将,生命之司命,国家安危之主也。”《六韬·龙韬》篇中也有类似的论述:“将者,国之辅,先王之所重也,故置将不可不察也。”“得贤将者兵强国昌,不得贤将者兵弱国亡。”《吴子·论将》篇也说,良将“得之国强,去之国亡”。上述论述都体现了这样一种思想:将帅是国君的重要辅佐。将帅辅佐得缜密周祥,国家就强大;辅佐得疏漏失当,国家就衰弱。将帅同军队的强弱、民众的命运、国家的安危是紧密联系在一起的。治军之要首在练将。

历史上无数的战争实践证明了将帅对于国家的重要性。战国后期,燕将乐毅率兵攻打齐国,由于齐闵王骄横残暴,失去民心,乐毅在短短半年多的时间内,就攻占了齐国 70 多座城池,齐闵王被迫出逃至莒,整个齐国只剩下莒和即墨两座孤城未能攻克。不久齐闵王被楚将淖齿所杀。后来齐臣王孙贾等杀掉淖齿,立齐闵王之子法章为齐襄王,守莒抗燕。即墨全城军民在守将战死之后,推举田单(见图 8–1)为将,坚守抗燕。如此相持三年之久,两城依然未被攻下。公元前 279 年,燕昭王逝世,燕惠王继位,田单得知燕惠王对乐毅心有不满,便使用反间计,使得燕惠王废除乐毅职务,改派骑劫为将领。田单又散布谣言,诱使骑

图 8–1 田单像

劫挖齐人的祖坟、割俘虏的鼻子，从而激起即墨军民对燕军的仇恨。而田单则积极进行反攻的准备，最终用火牛阵攻破燕营，斩杀骑劫，收复了沦陷的 70 余城。田单又将齐襄王迎回临淄，齐国终于避免了亡国的命运。相反，在战国时期的秦赵长平之战中，赵括接替廉颇为将抵抗秦军，他错误的作战指挥不仅致使自己丧命，也断送了赵国 40 万大军，使赵国受到毁灭性打击，从此再也不能同秦一争高下了。

上述事例说明，选将任将是否得当，直接影响着国家的安危。正因为将帅对国家来说如此重要，所以 19 世纪初瑞士军事理论家约米尼称："如何慎选将才，就是军事政策当中的一个最微妙精深的部分。"①

二、将帅素养

将帅是一国高级武职官员，其素质的优劣在很大程度上决定着军队建设的成败、战争的胜负和国家的安危。因此，中国古代兵家十分重视将帅队伍的建设，对于将帅的素质修养提出了很高的要求。历代兵书对将帅素质修养的论述，大致包括将德、将才、个人性格修养三个方面。

将德是强调将帅要具备高尚的道德操守。《孙膑兵法 · 将义》篇说得好："将者不可以无德，无德则无力，无力则三军之利不得。"古代兵家对将德的

① ［瑞士］约米尼著，钮先钟译：《战争艺术》，广西师范大学出版社 2003 年版，第 26 页。

论述内容十分丰富，大致强调了以下几点：一是忠贞保国。重视将帅的爱国精神，强调其牺牲精神和献身精神，认为将帅一旦临敌受命，就必须把家业、亲人和自己的生死置之度外。《尉缭子·武议》篇中说："将受命之日忘其家，张军宿野忘其亲，枹抱而鼓忘其身。"《吴子·论将》篇也说："受命而不辞，敌破而后言返，将之礼也。故师出之日，有死之荣，无生之辱。"二是清廉不贪。如诸葛亮说："见利不贪，见美不淫。"[①]《草庐经略·将廉》篇也说："偾事之将，恒由于贪。贪则刻剥军中，觊觎望外，是以军怒而怨之，敌诡而尝之，失机堕术，士卒离心。"这些都深刻论述了将贪必败的道理。三是推功揽过。将帅要正确地对待功过是非、名利荣辱。《孙子兵法·地形》篇中说，将帅要"进不求名，退不避罪，唯人是保，而利合于主"。四是热爱部属。将帅要具备关心部属热爱士兵的美德，从情感上协调官兵关系。如《孙子兵法·地形》所云"视卒如婴儿""视卒如爱子"。[②]

将才是强调将帅必须具备的才能。古代兵家对将才的论述是多方面的。将帅作为军事统帅，要具备杰出的军事指挥才能、广博的知识。如《孙子兵法》要求将帅要"知己知彼""知天知地""通于九变之利"，能够"因地而制胜"；《孙膑兵法·八阵》要求将帅要"上知天之道，下知地之理，内得其民之心，外知敌之情，阵则知八阵之经，见胜而战，弗见而诤"；《三略·上略》要求将帅"能知国俗，能识山川，能表险难，能制军权"。将帅战时能打仗，平时还要善于带兵，对待士兵要宽严相济，做到厚而能使、爱而能令，"与众相得"。从总体上说，将帅要文武兼备、智勇双全，即《吴子》中所谓"总文武""兼刚柔"。

在个人性格修养方面，要求将帅要有良好的心理素质和高度的自控能力。《孙

---

① （三国蜀）诸葛亮著，段熙仲、闻旭初编校：《诸葛亮集》卷四《将苑·将志》，中华书局 1960 年版，第 80 页。

② 参见周正舒、徐金发：《论古代将帅素质》，《军事历史研究》1989 年第 3 期。

子兵法·九地》曰："将军之事，静以幽，正以治。"《三略》要求将帅"能清、能静、能平、能整、能受谏、能听讼、能纳人、能采言"。这些都是要求将帅做事要沉着冷静，喜怒不露声色，处理事务要条理井然。

古代兵家还总结了将帅容易出现的过失、性格方面的缺陷等，总结用兵的教训，以警告后世。如《孙子兵法·九变》篇提出了"将有五危"；《六韬·龙韬》篇中提出了为将者容易出现的"十过"；《孙膑兵法》中的《将败》《将失》诸篇专门论述了将帅容易致败的原因等。

三、将权贵一

将权贵一，是指战场上作战指挥权的集中统一。这是战争发展到一定阶段后产生的治军思想。随着战国时期统兵作战的专职将帅的出现，机断处置、机断指挥问题开始并越来越受到兵家和政治家的重视。

历代兵家认为，国君应赋予将帅应有的独立指挥、临机决断之权，这样将帅才能根据战场的情况临机应变，实施正确的作战指挥。古代君王拜将授命之时，很重要的一条就是，约定将在外有权决定军中的一切事务，君主不能从中牵制。如《六韬·龙韬·立将》篇记，西周时期国君登坛拜将，要授斧钺于主将，并说"从此上至天者，将军制之""从下至渊者，将军制之"，确保"军中之事，不闻君命，皆由将出"。兵家之所以强调"将权贵一"，是因为古代的交通条件十分落后，信息传递十分不便，而战场上形势瞬息万变，作战情况错综复杂，国君远离战场，对军情的了解不可能做到准确，命令的传达也无法做到及时，况且多数君主缺乏实际的作战经验，其作出的决策也未必合理，如果军队的一切行动处处要请示君主，必定会产生极其危险的后果。因此，兵家极力提倡"将能而君不御""君命有所不受"，强调将帅要"得主专制"。如果君主不信任将帅，从中掣肘，过多地干预本属将帅职权范围内的事务，那就会如同《将苑·假权》所说的"是

犹束猿猱之手，而责之以腾捷，胶离娄之目，而使之辨青黄，不可得也”。

当然，“兵权贵一”并不是说将帅可以专制独断，一意孤行，而是有一定的前提条件：一是将帅对国君不能有违逆之心。在战争中，战略的决策权由国君掌握，“将受命于君”。在此前提下，由国君赋予将帅相对独立的指挥权。兵家所强调的“君命有所不受”，是指将帅对于君主不符合战争实际情况的命令，不要盲目服从，绝不是说将帅可以骄横跋扈，拥兵自重。二是将帅必须集思广益，广泛吸收有识之士和部下的建议和意见，不能刚愎自用，这样作出的决策才符合战场实际，才能夺取战争胜利。

历史上无数的战役证明了“将权贵一”的重要性。战国时期的宜阳之战就是一个典型的战例。秦武王即位后，积极准备攻打韩国军事重镇、周都洛阳的门户——宜阳，企图以此为跳板，控制周室，称霸中原。公元前 308 年，他派左丞相甘茂去魏国相约联合攻韩，魏国从约。甘茂担心秦武王在伐宜阳期间，听信他人之言而变卦，于是以宜阳是大县，颇有实力，路途艰险遥远，难于攻取为理由，劝武王不要攻打。武王不听，与之定下息壤之盟，约定决不中途退兵。接着以甘茂为大将，率兵攻打宜阳。结果打了 5 个月也没有攻下宜阳。大臣樗里疾和公孙奭等人提出反对意见。秦武王萌生退兵之意，派人召甘茂领兵回国。甘茂说：“息壤在彼。”①于是秦武王改变计划，增调兵力援助甘茂。甘茂指挥秦军终于击败韩军，斩首 6 万人，攻占宜阳，从而打通了秦军通往中原的战略通路，为日后中原争霸所需的兵员与物资的运输提供了有利的保证。秦国在宜阳之战中之所以取胜，一个重要的原因在于秦王遵守了息壤之盟，对甘茂没有从中牵制，并且发兵助之，确保了甘茂对战争的指挥权，从而保障了战争的胜利。

① 《史记·樗里子甘茂列传》。

四、以治为胜

以治为胜，是指军队要靠严格的治理取胜。这是战国时期著名军事家吴起提出的治军主张。吴起认为，军队能否在战场上奋勇杀敌，夺取胜利，关键不在于其人数的众寡，“若法令不明，赏罚不信，金之不止，鼓之不进，虽有百万，何益于用”[①]，而在于治理是否严格。这一思想为后世兵家所继承，成为治军的基本原则和方法。

在中国古代，军队治理严格的标准很多，具体来说，表现在以下几个方面：

一是军纪严明。严格的纪律是军队勇敢作战的前提。诸葛亮曾经说过：“有制之兵，无能之将，不可以败；无制之兵，有能之将，不可以胜。”[②]意思是说，平时训练有素、军纪严明的军队，即使将领无能，也不会被打败；相反，如果平时军队缺乏训练，如同一盘散沙，即使将领再有才能，也打不了胜仗。从严治军就要做到令行禁止，一切行动都要服从上级命令，不服从者要予以处罚，以整肃军纪。我们可以看一下吴起是如何治军的。《尉缭子·武议》中记载了这样一则故事，吴起率部与秦军作战，吴起还没有下达攻击的命令，一位士兵自恃勇敢，冲向敌阵连斩两敌首级而还。吴起立刻下令将这位士兵斩首。军吏都劝他：“此材士也，不可斩。”吴起回答说：“材士则是矣，非吾令也。”这位违反军纪的“勇士”最终被斩首。在吴起看来，军令比勇敢更重要。历史上有很多勇敢善战的军队都是以纪律严明著称，如岳家军、戚家军等。

二是赏罚严明。国君和将帅凡事必须以身作则，身为表率，言出必行，赏罚分明，这样才能树立自己的威望，取得士卒的信任，军令才能够真正得以贯彻。

---

① 《吴子兵法·治兵》。

② （三国蜀）诸葛亮著，段熙仲、闻旭初编校：《诸葛亮集》卷二《兵要（十条）》，第43页。

历代兵家十分重视这一点。《韩非子·外储说左上》云："赏罚不信，则禁令不行。"《诸葛亮集·便宜十六策·赏罚》中说："赏罚不明，教令有不从。"《三略·上略》中也说："将无还令，赏罚必信。如天如地，乃可御人。"如果平时无信，到了关键时刻，无论悬出多重的赏金，士卒也不会听从。东汉末年曹操发兵宛城时曾下令严禁士兵践踏麦田，如有违反，一律斩首，可曹操的马却因受惊而践踏了麦田，最后为了严明军纪，曹操割发代首，从而更加为士卒所信任。

三是上下同欲。上下团结一致、将士关系融洽，是军队建设的一个重要方面。将帅爱护士卒，与士卒同安乐、共生死，士卒不就会拥护将帅，军队行动就会步调一致，作战时就会"齐勇若一"。达到这样的标准，军队就可以称为"父子之兵"，就可以"投之所往，天下莫当"[①]。西汉时期，抗击匈奴的名将卫青就是一个爱护士卒的将领。《史记·淮南衡山列传》中称他"遇士大夫有礼，于士卒有恩，众皆乐为之用""号令明，当敌勇敢，常为士卒先。休舍，穿井未通，须士卒尽得水，乃敢饮。军罢，卒尽已度河，乃度。皇太后所赐金帛，尽以赐军吏。虽古名将弗过也"。赞扬卫青谦逊知礼，爱护将士，是古来少有的良将。卫青出击匈奴屡屡获胜，与他善于治军是分不开的。

五、教戒为先

教戒为先，是指在用兵之前，要对军队进行严格的教育和训练。历代兵家十分重视这一点。《孙子兵法·计》篇将"士卒孰练"，即军事训练效果提高到关系国家民众生死存亡的战略高度来认识，认为这是预测战争胜负的"五事"之一。《司马法·天子之义》也明确指出："虽有明君，士不先教，不可用也。"《吴子兵法·治兵》说："用兵之法，教戒为先。"

① 《吴子兵法·治兵》。

古代兵家对教戒内容和方法的阐释是多方面的，可概括为思想教育和军事训练两类。根据古代兵家的论述，古代军队的思想教育主要是强调以下几个方面：一是明耻。《吴子兵法·图国》云："凡制国治军，必教之以礼，励之以义，使有耻也。夫人有耻，在大足以战，在小足以守矣。"《阵纪·束伍》也有类似的说法："夫人有耻，必知进死为荣，退生为辱，大足以战，小足以守。"在军队中，要以"礼""义"教导士兵，士兵有了耻辱感和荣誉感，作战时就会拼死作战而不会退缩。二是忠义。明代何汝宾在《兵录·教练》中把忠义作为军队教育的内容。他说："练心，教以忠义，使士卒皆有亲上死长之心，然后令之执干戈、擐甲胄以御敌，自然如手足之捍头目，子弟之卫父兄，有不战，战必胜矣。"《阵纪·束伍》也说："必遵教令以习艺，必知忠义以自持。"忠义的核心就是有亲近爱护长上和甘愿为长上牺牲自己的思想。士卒入伍以后，就要教育他们懂得忠义的道理，使他们自觉听从命令，这样才能真正为统治者所用，达到军队管理的目标。三是勇敢。勇敢是军队决胜的重要因素。《吴子·励士》说："一人投命，足惧千夫。"《六韬·虎韬·必出》说："器械为宝，勇斗为首。""三军勇斗，莫我能御。"

军事训练，就是让士卒通过训练具备在战场上杀敌取胜的本领。训练内容主要有二：一是熟练掌握各种军事指挥号令。古代作战主要靠金鼓、旌旗等传令工具来传达命令，使士兵按照指挥统一行动。因此，在士卒入伍以后，必须先学习并掌握金鼓、旌旗发出的各种复杂号令。《尉缭子·勒卒令》对号令规定得较为详细："鼓之则进，重鼓则击。金之则止，重金则退。……旗麾之左则左，麾之右则右。奇兵则反是。一鼓一击而左，一鼓一击而右。一步一鼓，步鼓也。十步一鼓，趋鼓也。音不绝，鹜鼓也。"戚继光《纪效新书》也指出，激励士气的手段是号令训练，"古今名将用兵，未有无节制号令，不用金鼓旗

幡而浪战百胜者”[①]。二是掌握各种武器的性能，训练作战技能，熟悉阵法，做到军事技能娴熟，进退秩序井然，这样与敌交锋时就可以占据主动，无往而不胜。正如《百战奇法·教战》中所说：“凡欲兴师，必先教战，三军之士，素习离合聚散之法，备谙坐作进退之令，使之遇敌，视旌麾以应变，听金鼓而进退，如此则战无不胜。”

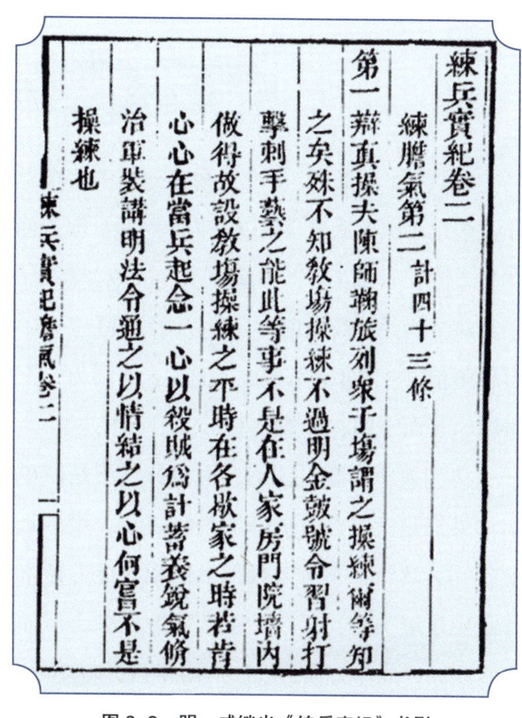

練兵實紀卷二
練膽氣第二 計四十三條
第一 辨真操夫陣師鞠旅列衆于場謂之操練爾等知
之矣殊不知教場操練不過明金鼓號令習射打
擊刺手藝之能此等事不是在人家房門院墻內
做得故設教場操練之平時在各歇家之時若肯
心心在當兵起念一心以殺賊爲計著養銳氣脩
治軍裝講明法令通之以情結之以心何嘗不是
操練也

練兵實紀膽氣卷二

图 8–2 明·戚继光《练兵实纪》书影

古代还有不少兵书全面论述了“教戒”思想。如《孙膑兵法》中有专门谈军队教育训练的《五教法》，篇中提出对军队实施严格的思想政治教育、行军训练、阵法训练、队列训练、战法训练五个方面内容，是先秦时期最系统、最全面的教戒理论。明代戚继光在其兵书《练兵实纪》（见图 8–2）中也提出，要将练心、练胆、练艺密切结合，即从思想教育、心理素质和军事技能等方面对军队进行训练。这些思想大大丰富了我国古代的教战理论。

---

① （明）戚继光：《纪效新书》卷二《紧要操敌号令简明条款》。

六、精兵为上

兵贵精，不贵多，是古代兵家一贯的治军思想。《孙子兵法·行军》篇曰："兵非益多也，惟无武进，足以并力、料敌、取人而已。"《孙膑兵法·选卒》篇曰："兵之胜在于选卒。"《尉缭子·战威》篇曰："武士不选，则众不强。"《吴子兵法·治兵》篇也说，兵"以治为胜"，不在于人数的众寡，"若法令不明，赏罚不信，金之不止，鼓之不进，虽有百万，何益于用"。明成祖朱棣也说："兵贵精，多而不精，徒费食而不济用。"

历代战争实践也证明，用兵打仗不是简单的兵力的投入。军队人数虽多，但如果都是没有经过训练的乌合之众，兵员素质不高，也将无益于取胜。宋代实行冗兵政策，军队人数虽多但战斗能力低下，导致北宋在与少数民族政权的作战中屡屡失利。反之，军队人数虽少，但如果都是经过挑选的精锐士卒，军事素质高，战斗力强，战法运用得当，同样可以以少胜多。《吴子兵法·图国》篇说："昔齐桓募士五万，以霸诸侯；晋文召为前行四万，以获其志；秦缪置陷陈三万，以服邻敌。"因此，军队的兵员并非多多益善，兵员的质量较之数量更为重要。

如何造就精兵？首先要重视选兵。不同时代、不同将帅选兵的标准虽然不尽相同，但都有一个共同的原则，那就是要挑选勇敢善战之士。如吴起强调要选择民众中"有胆勇气力者""乐以进战效力，以显其忠勇者""能逾高超远、轻足善走者"[①]等作为兵士，将这些兵士"聚为一卒"，只要有3000人，就能做到"内出可以决围，外入可以屠城矣"。戚继光在《纪效新书》（十四卷本）卷一《束伍篇》中强调，选兵时"必胆为主"，兼顾"丰伟""武艺""力大""伶

① 《明实录·太宗实录》卷一四八。

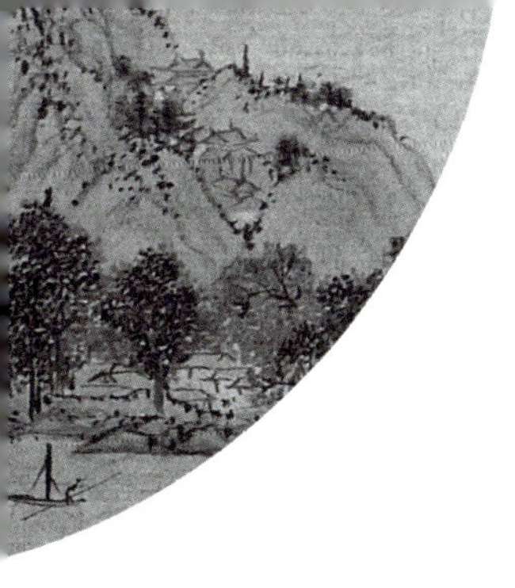

俐”等条件，除此以外，他对士兵的成分也很重视，只选乡野老实之人，不用城市油滑之徒和奸佞之人。其次要重视练兵。正如明代茅元仪《武备志·阵练制》中所言：“言武备者，练为最要。”军队中虽然不乏出类拔萃的士兵，但那只是匹夫之勇，只有对士兵进行严格的训练才能变成群体之勇，才能锻造出一支素质精良的军队。《吴子兵法》认为，建设一支强大的军队，要“教戒为先”，并提出了一整套具体的训练方法，包括单兵技艺训练、战术训练、阵法变化训练等。戚继光也本着“战必以练兵为先”的思想，在其兵书《练兵实纪》《纪效新书》中提出了练心、练胆、号令、练艺、练阵法等一系列练兵方法。

精兵作战的效果是显而易见的。比如战国时期吴起在任魏国西河郡守期间，严格考选步兵，创建了一支战斗力较强的常备军“武卒”，取得了“与诸侯大战七十六，全胜六十四”的辉煌战绩。南宋岳飞所训练的岳家军，骁勇善战，纪律严明，多次击败金军主力，金人称“撼山易，撼岳家军难”。明代戚继光组建的戚家军，是当时的抗倭劲旅，多次取得对倭作战的胜利，荡平了江浙一带的倭寇，足见精兵之可贵。

七、恤士为本

恤士为本，是指将帅要爱护抚恤士卒，这是治军的根本。“恤士为本”是古代兵家一个重要的治军理念。诚如《明太祖宝训·谕将帅》中所言：“古之名将皆以恤士为本，平日抚恤得其心，临敌之际必得其死力。若素不能恤，徒以威驭之，缓急未必得用。”用兵打仗，将帅的智勇固然重要，但必须凭借士兵的作战才能成功。将帅只有在平时爱护体恤士卒，以情带兵，“视卒如婴儿”“视卒如爱子”，才能得到士卒发自内心的信赖和服从，临敌作战时士卒就能拼死战斗；如果平时不能爱护体恤士卒，只靠威严的命令统御士卒，士卒自然不会心甘情愿地为之效命，军队的战斗力就弱，用兵打仗就很难取胜。

古代的兵书中对于将帅恤士有许多精辟的论述。如《六韬·龙韬·励军》曰："将冬不服裘，夏不操扇，雨不张盖。""军皆定次，将乃就舍。炊者皆熟，将乃就食。军不举火，将亦不举"。《尉缭子·战威》曰："夫勤劳之师，将不先己。暑不张盖，寒不重衣，险必下步，军井成而后饮，军食熟而后饭，军垒成而后舍，劳佚必以身同之。""故战者，必本乎率身以励众士，如心之使四肢也。"戚继光在《练兵实纪·练将》曰："军士有疾病、患难、颠连无告之事，时时访询，随其所闻，即时处之。"在《纪效新书》卷首亦云："所谓身先士卒者，非独临阵身先，件件苦处要当身先；所谓同滋味者，非独患难时同滋味，平处时亦要同滋味。"从以上各家论述可知，恤士要做好以下几点：一是日常生活中将帅与士卒要同甘共苦，设身处地地体恤士卒的饥寒和劳苦；二是战场上将帅要身先士卒，与士卒生死与共；三是平时抚恤要"得其心"，才能在临战之际"得其死力"，这一点也是"恤士"的关键。

历史上优秀的将领大都以体恤士卒作为治军的根本。如战国时期的吴起，爱兵如子，在魏国为将时，睡觉不垫席，走路不骑马，与士兵同衣食、共劳苦，并且曾亲自为受伤的士兵吮脓血，受其感化，士兵在战场上拼死力战。还有三国时期诸葛亮，体谅蜀军士兵的思乡之情，在魏军大举压境的情况下，坚持让准备换防的士兵回家与家人团圆，士兵听说后对诸葛亮无不从内心感激涕零，坚持要求留下来作战，战场上将士们奋勇争先，以一当十，成功击退了魏军的进攻。

当然也有不少将领，因不恤士卒，刻薄寡恩，最终导致兵败身亡。三国时期张飞之死就属于这方面的例证。张飞是东汉末年及三国时期蜀国的著名将领，雄壮威武，有万夫不当之勇。但他脾气暴躁，不体恤部下，士兵稍有过错，便施以重罚。刘备经常告诫他："卿刑杀既过差，又日鞭挞健儿，而令在左右，

此取祸之道也。”[①] 意思是说，张飞行刑杀罚超过法度，还要每天鞭打士卒，实在是招祸之举。但张飞不听。后来关羽被吴将吕蒙杀害后，张飞痛不欲生，经常喝酒消愁，酒后经常打骂士兵。为给关羽报仇，张飞主动请缨，讨伐东吴。出兵那天，他命手下三日内置办白旗百家，三军将士为关羽挂孝，前去讨伐东吴。负责军械的将领范疆、张达认为时间太紧，请求宽限几日。张飞勃然大怒，将二人绑在树上，各鞭打五十，打完后又表示若完不成任务就要斩首示众。二人担心真的会被他斩首，于是半夜持刀悄悄潜入张飞营帐，趁张飞熟睡之际，割下了张飞首级，投奔了东吴。张飞由于不懂得体恤部下，结果落得个身首异处的悲惨结局。

八、务在激气

士气是构成部队战斗力的重要精神因素，其高低锐惰直接影响战争的胜负。士气高涨，军队的战斗力就强，作战就容易取胜；士气低落，军队的战斗力就弱，作战就容易失败。因此，历代兵家无不重视通过激励士气来提高军队的战斗力。

古人关于激励士气的言论很多。如《尉缭子·十二陵》篇说：“战在于治气。”《战威》篇说：“民之所以战者气也，气实则斗，气夺则走。”《吕氏春秋·仲秋纪·决胜》说：“民无常勇，亦无常怯。有气则实，实则勇；无气则虚，虚则怯。”《淮南子·兵略训》说：“故善战者不在少，善守者不在小，胜在得威，败在失气。”《百战奇略》一书中《气战》《怒战》等篇指出：“凡与敌战，须激励士气，使忿怒而后出战。”还有不少兵学家总结了士气变化的规律，如《孙子兵法·军争》认为，“朝气锐，昼气惰，暮气归”，据此提出了“避其锐气，击其惰归”的“治气之法”。

① 《三国志·蜀书·张飞传》。

《孙膑兵法·延气》对士气问题的论述最为详细全面。孙膑提出了在战争的不同阶段激励士气的方法：当决定要进行战争，国家聚集民众，编制军队，准备开赴战场时，“务在激气”，即激发民众对敌人的怒气；当部队长途行军，开赴战场时，“务在治兵利气”，即及时整饬军队，养精蓄锐，以保持部队勇往直前的锐气；经过跋涉行军，接近于战场时，“务在厉气”，即消除士卒的畏敌心理，调动士卒杀敌的勇气；在作战日期已经确定，决战即将开始之时，“务在断气”，即要设法断绝士卒后退的念头，使其产生死战到底的决心；两军交战时，“务在延气”，即要设法使军队持久的保持高昂的士气，确保战斗的顺利进行。总之，无论是在战争的动员阶段，还是行军、作战阶段，都要设法激励士兵，使军队始终保持高昂的士气。

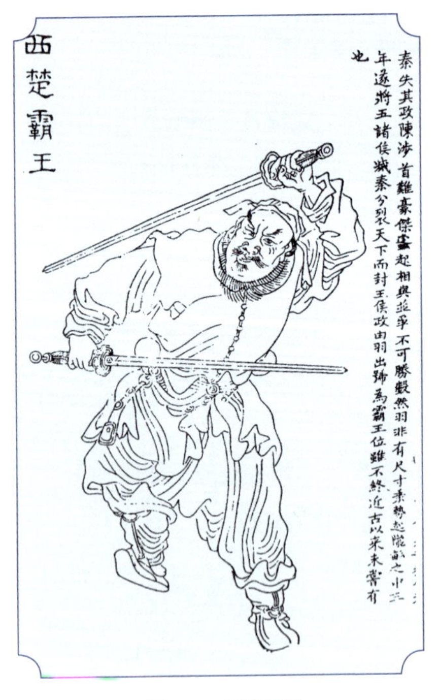

图 8–3　西楚霸王

历史上许多军事家都是善于激气的。如春秋时期齐国名相管仲很善于利用歌曲来激励士气。有一次，管仲跟随齐桓公应燕国请求出兵攻打山戎，当部队进入孤竹国境内时，坡陡路险，甚是难走。齐桓公只好派兵凿山开路，以行兵车。由于征战已久，士卒疲惫不堪，又见关山难越，士气越发低落。管仲见状，当场编写了《上山歌》《下山歌》鼓舞士气。军士们唱起这两首歌后，顿时精神百倍，你唱我和，大大加快了施工速度和行军速度。最终齐军克服了困难，顺利地凿开了一条通途，从而为战略部署的实施赢得了宝贵时间。

秦朝末年的项羽（见图 8–3），也

很善于激励士气。公元前 208 年，秦将章邯率军围攻赵都巨鹿，项羽率军救赵，与秦军对峙于巨鹿。当时赶来支援的其他诸侯军都作壁上观，唯有项羽决心与秦死战。他率军渡过漳水后，下令全军将士破釜沉舟，烧毁营舍，每人只带三天干粮，以此表示誓死战斗、决不退还之心。楚军上下面临绝境，又见主帅项羽英勇慷慨，士气大振，无不以一当十，终于取得了巨鹿之战的胜利。

主要参考书目

1. 吴如嵩主编：《中国古代兵法精粹》，军事科学出版社 1988 年版。

2. 刘旭：《中国古代火炮史》，上海人民出版社 1989 年版。

3. 刘展主编：《中国古代军制史》，军事科学出版社 1992 年版。

4. 陆敬严：《中国古代兵器》，西安交通大学出版社 1993 年版。

5. 王兆春：《中国古代兵器》，商务印书馆 1996 年版。

6. 陈高华、钱海皓总主编：《中国军事制度史》（共 6 卷），大象出版社 1997 年版。

7. 李罗力等总编撰：《中华历史通鉴》，国际文化出版公司 1997 年版。

8.《中国兵书集成》编委会编：《中国兵书集成》（第 3 ～ 5 册），解放军出版社、辽沈书社 1988 ～ 2005 年版。

9. 李缙云、于炳文主编：《文物收藏图解辞典》，浙江人民出版社 2002 年版。

10. 袁俊宏、康诚、张北等编著：《中国军马》，解放军出版社 2003 年版。

11. 中国历史博物馆保管部编：《中国历代名人画像谱》，海峡文艺出版社 2003 年版。

12. 刘旭：《中国火药火器史》，大象出版社 2004 年版。

13. 李穆南、于文主编：《中国军事百科》，中国环境科学出版社 2006 年版。

14. 杜文玉等编著：《图说中国古代兵器与兵书》，世界图书出版西安公司 2007 年版。

15. 张文儒：《中华兵学的魅力——中国兵学文化引论》，北京大学出版社2008年版。

16. 李俊亭主编：《走进军事博物馆：兵器世界》，海潮出版社2009年版。

17. 兰书臣：《中华文化通志·兵制志》，上海人民出版社2010年版。

18. 黄朴民：《先秦两汉兵学文化研究》，中国人民大学出版社2010年版。

19. 伯仲编著：《中国传统兵器图鉴》，东方出版社2010年版。

20. 杨泓、李力：《中国古兵二十讲》，三联书店2013年版。

21. 章人英主编，葛明沧、顾钢副主编：《中华文明荟萃》，上海人民出版社2013年版。

22. 巴丁编著：《战神浴火：国防科技史话》，海洋出版社2013年版。

23. 陈峰：《中国古代阵法演化概论》，见南开大学历史学院、北京大学历史系、中国社科院研究所编：《中国古代社会高层论坛文集：纪念郑天挺先生诞辰一百一十周年》，中华书局2011年版。

24. 王凯旋：《中国科举制度史》，万卷出版公司2012年版。

25. 刘向东编著：《中国古代军事典章制度》，白山出版社2012年版。

26. 张云勋：《中国历代军事哲学概论》，西南交通大学出版社2012年版。

27. 高润浩：《中国古代军事谋略文化》，白山出版社2012年版。

28. 庞海云、张辉编：《中国政治制度史》，哈尔滨工程大学出版社2013年版。

29. 田越英：《中国军兵种》，中国文史出版社2013年版。

30. 山东孙子研究会、广饶县人民政府编：《中国古代著名军事家评传》，齐鲁书社2013年版。

31. 徐潜主编：《中国古代军事》，吉林文史出版社2014年版。

图书在版编目（CIP）数据

止戈为武：中国传统兵学 / 郭海燕著 .
—济南：山东大学出版社，2017.10
（中国文化四季 / 马新主编）
ISBN 978-7-5607-5737-7

Ⅰ. ①止… Ⅱ. ①郭… Ⅲ. ①兵法 – 研究
– 中国 – 古代 Ⅳ. ① E892.2

中国版本图书馆 CIP 数据核字（2017）第 197126 号

责任编辑：陈海军
装帧设计：牛　钧

出版发行：山东大学出版社
社址：山东省济南市山大南路 20 号
邮编：250100
电话：市场部（0531）88364466
经销：山东省新华书店
印刷：山东华鑫天成印刷有限公司
规格：787 毫米 ×1092 毫米　1/16
　　　14 印张　196 千字
版次：2017 年 10 月第 1 版
印次：2017 年 10 月第 1 次印刷
定价：35.00 元